W0383756

AIKIDO

Adriano Trevisan

AIKIDO

Das große Lehr- und Übungsbuch

Otto Wilhelm Barth Verlag

1. Auflage 1991
Copyright © 1991 by Scherz Verlag, Bern,
München, Wien, für den Otto Wilhelm Barth Verlag.
Alle Rechte vorbehalten, auch die der Verbreitung durch Funk,
Fernsehen, fotomechanische Wiedergabe, Tonträger jeder Art
und auszugsweisen Nachdruck sowie der Übersetzung.
Schutzumschlag von Graupner & Partner

Inhalt

Technik und Ausführung

Haltetechniken (Osae waza)

Halte- und Wurftechniken

Wurftechniken

Vorwort

Es mag etwa zehn Jahre her sein, seit ich Adriano Trevisan zum ersten Mal auf einem Lehrgang sah. Wenn ich mich richtig erinnere, war es in Straßburg. Von diesem Zeitpunkt an traf ich ihn regelmäßig auf meinen Lehrgängen im In- und Ausland. Ich gewann bald den Eindruck, daß er ein ernsthafter und fleißiger Aikido-Praktikant ist.
Von seinen Freunden erfuhr ich, daß er auch Yoga- und Tai-chi-Übungen erlernte und in der Toscana auf seiner Farm biologischen Anbau betreibt. Diese praktische körperliche Tätigkeit in Verbindung mit der Aufgeschlossenheit für meditative Übungen schafft sicherlich gute Voraussetzungen für die Arbeit mit seinen Schülern.
Das vorliegende Buch ist Resultat einer fleißigen und intensiven Beschäftigung mit dem Thema. Es gibt den deutschsprachigen Aikido-Praktikanten nützliche Hinweise. Deshalb wünsche ich diesem Buch Erfolg.

N. Tamura

Einführung

Dieses Buch stellt vorbereitende Übungen, Grundtechniken, einige fortgeschrittene Techniken und die geistigen Grundlagen des Aikido vor, darüber hinaus Stock- und Schwerttechniken, aus denen sich viele Aikido-Techniken entwickelt haben. Die verschiedenen Bewegungsformen werden durch zahlreiche Bildfolgen und Erläuterungen nachvollziehbar gemacht.

Die Entwicklung der Aikido-Techniken und die Form ihrer Anwendung entsprachen der persönlichen Entwicklung Morihei Ueshibas, des Begründers des Aikido. Er veränderte, verbesserte und verfeinerte alles im Laufe der Zeit. Das hatte zur Folge, daß die Schüler, die zu unterschiedlichen Zeitpunkten bei ihm zu lernen begannen, die jeweils unterrichteten Formen aufgriffen und nach seinem Tod weiterentwickelten.

Als ich 1970 Aikido zu üben begann, kam ich, der Natur der Sache entsprechend, in Berührung mit Japanern und ihrer Kultur. Ich hatte das Glück, von einigen der einstigen Schüler Ueshibas, die heute noch unterrichten, zu lernen. Dadurch war es mir möglich, verschiedene Stilrichtungen aufzunehmen und zu verbinden. Durch Literatur aus und über Japan sowie einen Aufenthalt in Japan gewann ich Einblick in die Lebensweise, das Gedankengut und die Religion dieses Landes. So erkannte ich, daß sich die Religion und das Brauchtum eines Volkes auch auf die jeweilige Praxis des Aikido auswirken, was immer deutlicher wird, je mehr sich Aikido in Europa verbreitet. Zum Beispiel stützt sich der Europäer mehr auf Erklärung und Analyse der Bewegungsabläufe und der philosophischen Hintergründe, während der Japaner normalerweise versucht, sich durch Nachahmen langsam dem Wesen der Lehre zu nähern.

Natürlich kann ich meine europäische Herkunft nicht verleugnen. Aikido zu lernen und auszuüben bedeutet für mich deshalb nicht, sich japanischem Verhalten, Brauchtum und Gedankengut bedingungslos anzupassen, sondern die lebendig überlieferte Botschaft Ueshibas in sich aufzunehmen, zu entwickeln und weiterzugeben.

Aikido ist rein intellektuell nicht nachvollziehbar. Die Vielseitigkeit seiner Lehre zu erkennen, bedarf der Achtsamkeit und langjähriger Übung. In vielen der heutigen Kampfkünste ist der «alte Geist des Budo» verlorengegangen. Wettkampf, Leistung und Technik stehen im Vordergrund. Ignoriert werden wichtige Ziele des Budo, zum Beispiel ein aufrichtiger und friedvoller Mensch zu werden.

Diese ethischen Aspekte des Aikido zielen auch auf die Entwicklung eines besseren, verständnisvolleren Umgangs mit unserer Biosphäre. Um neue Perspektiven für den Weltfrieden eröffnen zu können, müßten die führenden Politiker endlich begreifen, daß die Produktion von Kriegswaffen zu einer gefährlichen Eskalation führt, die die ganze Menschheit bedroht und sie ökonomisch schwächt. Auch dort, wo die Menschen von Brüderlichkeit und Mitgefühl sprechen, tun sie das meist in einem recht eigennützigen Sinn, was sich zum Beispiel in ihrer Mißachtung anderer Lebewesen zeigt. So werden Tiere und Pflanzen zu bloßen Objekten degradiert, die unseren Bedürfnissen dienen müssen; ihnen wird ihr Existenzrecht abgesprochen, und ihre Bedeutung im ökologischen Kreis des Lebens wird nicht gesehen.

In unserem «dunklen Mittelalter der Technik» in dem materieller Erfolg, Leistung und Konkurrenzfähigkeit Vorrang haben, wird der geistigen und ethischen Entwicklung wenig Raum gelassen. Meiner Ansicht nach ist es die Aufgabe des heutigen Menschen, nicht für die Durchsetzung irgendwelcher Ideale zu kämpfen, sondern sich mit sich selbst auseinanderzusetzen, um durch Überwindung von Egoismus zu einem verantwortungsbewußteren Menschen zu werden. Der Frieden hängt von der Fähigkeit der Menschen ab, Konflikte in gegenseitigem Einvernehmen zu lösen. Wird das nicht erreicht, werden Freiheit und Selbstentfaltung durch ein Anwachsen von Gewalttätigkeit und Unterdrückung erstickt.

Im Aikido gibt uns stetiges Üben die Gelegenheit, Spannungen und Aggressionen, die manchmal entstehen und ihre Ursache in Mißverständnissen, unterschiedlichen Auffassungen und Charakteren haben, in friedlicher Weise auszutragen und positiv umzupolen. Die Übung einer Disziplin wie der des Aikido hat nur Sinn, wenn diese grundlegenden Elemente beachtet werden, damit Aikido nicht zu einem sterilen Ablauf von Bewegungen verkommt.

Das vornehmliche Ziel des Aikido ist es, wie ich es sehe, die Energiewellen und -schwingungen die von allen Wesen ausgehen, zu empfangen, zu erkennen und positiv umzusetzen. In diesem Sinne wünsche ich mir, daß meine in diesem Buch wiedergegebenen Erfahrungen eine Hilfestellung für andere sein mögen.

Adriano Trevisan,
Aikido-Institut, München.

Morihei Ueshiba (1883–1969)

Da das japanische Wort *Ai* sowohl für «Harmonie» als auch für «Liebe» steht, beschloß ich, meine unvergleichliche Budo-Kunst *Aikido* zu nennen, obwohl das Wort *Aiki* ein sehr altes ist. Dieses Wort wurde von den Kriegern in der Vergangenheit benutzt, jedoch in einer Bedeutung, die sich grundlegend von der Bedeutung unterscheidet, die ich dem Wort gebe. *Aiki* ist keine Technik, um den Feind zu bekämpfen oder zu besiegen; es ist der Weg, die Welt zu versöhnen und aus den Menschen eine Familie zu machen. Das Geheimnis des Aikido ist es, sich mit den Bewegungen des Universums in Einklang zu bringen und mit ihm zu harmonieren. Derjenige, der das Geheimnis des Aikido erfaßt hat, trägt das Universum in sich und kann sagen: «Ich bin das Universum.»

Aus den Schriften von Morihei Ueshiba,
dem Begründer des Aikido.

Leben
und Werk
des Meister
Ueshiba.

Der Ursprung des Aikido

In Tanabe, einem kleinen Fischerdorf unweit von Osaka, wurde Morihei Ueshiba am 14. Dezember 1883 im Haus des Gemeindeangestellten Yoroku Ueshiba geboren. Der junge Morihei war schwächlich, oft krank und sehr nervös. Deshalb hielt sein Vater es für notwendig, ihn Sumo (Ringen) und Schwimmen üben zu lassen, um seinen Körper zu kräftigen. Im Alter von sieben Jahren fing er an, die klassischen chinesischen Philosophen unter der Aufsicht des buddhistischen Mönchs Mitsujo Fujimoto zu lesen. Mit dreizehn wurde Ueshiba ins Kollegium von Tanabe aufgenommen, wo er aber nur ein Jahr blieb, um die Handhabung des Soroban, einer Art Rechengerät, zu lernen. Später wurde er Verwaltungsangestellter der Präfektur von Tanabe, wo er sich neben seiner Arbeit auch für die Rechte der Fischer und Bauern in Tanabe einsetzte, beispielsweise durch Organisation von Demonstrationen, die zu besseren Arbeitsbedingungen führen sollten.

Nach harten Unterdrückungsmaßnahmen der Regierung gab er die Stelle auf und ging nach Tokyo, wo er als Lehrling bei einem Großhändler arbeitete. Später, gegen 1902, eröffnete er ein Geschäft, in welchem er Bücher an die Studenten des Viertels verkaufte. Zu dieser Zeit erwachte sein Interesse am Budo, den Kampfkünsten. Er übte in der Ju-Jutsu-Schule Kito intensiv unter der Leitung von Meister Tozawa. Gleichzeitig erlernte er Ken-Jutsu, die Schwertkunst, in einem Dojo (Übungshalle) der Shinkage-Ryu. Nach einigen Monaten zwang ihn die Beriberi-Krankheit, wieder nach Tanabe zurückzukehren.

Er kehrte mit dem festen Vorsatz heim, durch ein intensiven Krafttraining einen starken und gesunden Körper zu erlangen. Mit zwanzig, obwohl sehr klein (154 cm), war er kräftiger als der Durchschnitt seines Alters. Unzufrieden mit bloßer Körperkraft, schloß sich Ueshiba der Schule Yagyu-Ryu an, um dort die Kunst des Schwertkampfes zu erlernen. Als es zwischen Japan und Rußland zum Krieg kam, ging Ueshiba freiwillig als Soldat in die Mandschurei. Dort erweiterte er sein Wissen durch das erlernen anderer Kampftechniken. Als der Krieg zu Ende ging, kehrte er zurück, um sich von nun an der Landwirtschaft zu widmen.

Ueshibas Interesse für die sozialen und politischen Probleme der Region war groß. So gründete er eine Art Jugendherberge, in die er ein Dojo für die Übung des Judo eingliederte. Im Jahre 1910 ging er mit achtzig anderen Kolonisatoren nach Hokkaido, wo unter seiner Leitung ein Handelszentrum, eine Schule und ein Krankenhaus erbaut wurden. Im Februar dieses Jahres traf er Sokaku Takeda, Meister der Daito-Ryu-Schule, und begann unter dessen Anleitung zu üben. 1918 hatte Ueshiba seine Ausbildung in Daito-Ryu Aiki-Jutsu abgeschloßen. Der Tod seines Vaters am 2. Januar 1920 traf ihn besonders schmerzlich, da er, an sein Sterbebett gerufen, sich zwei Tage verspätet hatte, weil er zu lange in Ayabe geblieben war. Dort hatte Ueshiba einen Mystiker namens Wanisaburo Deguchi kennengelernt, der besonderen Eindruck auf ihn gemacht hatte.

Nach dem Tod seines Vaters zog Ueshiba nach Ayabe, in den Omoto-Kyo-Tempel, um der Lehre Deguchis zu folgen. Diese Sekte wurde durch eine erleuchtete Frau namens Nao Deguchi gegründet. «Beobachte die Harmonie des Universums, die Erscheinungen der Natur und alle lebenden Wesen, und du wirst die Energie des einzigen, wirklichen Gottes wahrnehmen.» Diese Erkenntnis war Grundlage ihrer Lehre und mußte von ihren Anhängern befolgt werden. Wanisaburo Deguchi war bei den Herrschenden schlecht angesehen, er wurde des öfteren wegen seiner scharfen Kritik an der Regierung, die er in Zeitungsartikeln veröffentlichte, eingesperrt. Erwartungsgemäß wurde auch Ueshiba, als Mitglied des Omoto-Kyo, von der japanischen Geheimpolizei unter ständige Beobachtung gestellt. Die Tatsache, daß sein Aiki-Budo bei vielen Prominenten und hohen Militärs begehrt war, weil es als ausgezeichnete Kampfkunst galt, bewahrte ihn vermutlich mehrmals vor dem Gefängnis.

Deguchi beschäftigte sich intensiv mit Literatur und Sozialarbeit und setzte sich insbesondere für alte und schwache Menschen sowie für Waisenkinder ein. Als überzeugter Pazifist gründete er 1925 eine «Vereinigung der universellen Liebe und der Brüderlichkeit». Er nahm Kontakt mit Geistlichen unterschiedlicher Religionen in der ganzenWelt auf und gründete eine Weltföderation der Religionen. Am 13. Februar dieses Jahres ging er mit wenigen Anhängern, darunter Ueshiba, in die Mongolei, wo Chinesen und Japaner sich bekriegten. Die Absicht, die verfeindeten Parteien zu Friedensverhandlungen zu bewegen, verfehlte ihr Ziel; die kleine Gruppe wurde von Chinesen gefangengenommen. Nach Wochen der Gefangenschaft wurden sie wieder nach Japan zurückgeführt und bei ihrer Ankunft Ende Juni 1925 von einer riesigen Menschenmenge als Helden bejubelt.

Zurück in Ayabe, nahm Meister Ueshiba sein asketisches Leben wieder auf. Er trieb seine Studien über Budo weiter. In jener Zeit bekam er Besuch von einem Offizier der Marine, der als Kendo-Lehrer vom Ruhm Ueshibas gehört hatte. Während eines Gesprächs kam es zwischen ihnen zu Differenzen über verschiedene Sachverhalte, und er forderte Ueshiba zum Duell heraus. Dieser nahm an, überreichte dem Offizier ein Holzschwert und sagte ihm, daß er selbst keines brauche. Während der Offizier unaufhörlich angriff, beschränkte Ueshiba sich auf Ausweichbewegungen: sein Gegner konnte ihn einfach nicht treffen. Ueshiba erklärte dem Offizier später, daß er kurz vor jedem seiner Angriffe einen Lichtstrahl gesehen habe (das Ki des Gegners), so daß er mit Leichtigkeit jedem Schlag oder Stich ausweichen konnte.

Etwas Ähnliches hatte sich schon in China ereignet. Eines Tages, als ein chinesischer Soldat auf ihn zu schießen versuchte, stand Ueshiba plötzlich hinter dem Schützen. Ueshiba erklärte dazu, daß die Absicht, ihn zu töten, sich in Gestalt eines kleinen geistigen Lichtstrahles gezeigt hatte, als der Soldat abdrücken wollte. Kurz nach seinem Duell mit dem Offizier ging Ueshiba in den Garten, um sich das Gesicht zu waschen, und bemerkte, wie ein Gefühl zunehmender Reinheit seinen Körper zu umhüllen begann. Er nahm Schwingungen aus Himmel und Erde wahr. Er spürte, wie ein goldenes Fluidum seinen Körper überzog. Der Gesang der Vögel erschien ihm so intensiv wie nie zuvor, und eine Empfindung der Einheit mit dem Kosmos erfüllte ihn. In seinen Augen standen Tränen des Glücks. Da erkannte er, daß wahres Budo Geist und Liebe ist.

Wahres Budo bedeutet nicht, den Gegner mit Kraft und Technik zu besiegen, sondern den Frieden zu bewahren und jedem Wesen zu helfen, seine Aufgabe zu erfüllen. Das Wesentliche einer Budo-Praxis ist darum, die Welt der Materie und des Geistes harmonisch zu vereinen. Obwohl in allen Kampfkünsten die geistigen Komponente bereits vorhanden war, hatte bis dahin noch niemand versucht,die Liebe für die gesamte Menschheit in seine Lehre mit einzubeziehen. Aus diesem Grunde nannte Meister Ueshiba seine Kunst *Aikido* (s. S. 13). Ueshibas Name wurde langsam bekannt. 1927 lud Admiral Takeshita ihn nach Tokyo ein. Hochgestellte Persönlichkeiten, sowie ausgezeichnete Kendo- und Judo-Meister kamen zu ihm, um auch Aikido zu lernen. Fürst Shimazu überließ ihm einen Billardsaal, der in ein Dojo umfunktioniert wurde, aber bald schon zu klein war, so daß 1931 in Wakamatsu-cho ein neues Dojo mit dem Namen Kobukan erbaut werden mußte.

In der Mandschurei, wo die Japaner 1932 eine Marionettenregierung eingesetzt hatten, unterrichtete Ueshiba in Mandschuko an der Kenkoku Universität. Unter seinen Bewunderern war auch Pu-Yi, der damals wiedereingesetzte Kaiser von China. Überrascht von der schnellen Verbreitung des Aikido, besuchte Jigoro Kano, der Gründer des modernen Judo, Meister Ueshiba. Er war so begeistert von Ueshibas Lehre, daß er von nun an seine besten Schüler zu ihm schickte. Dabei sollte erwähnt werden, daß das Training damals äußerst hart und die Aufnahmebedingungen sehr streng waren. Deshalb wurde dieses Dojo häufig «Dojo des Teufels» genannt.

Während des Zweiten Weltkrieges zog sich Ueshiba nach Iwama zurück. Grund dafür war seine tiefe Enttäuschung über die Regierung und deren Expansionspolitik, die sich mit seiner Idee des Friedens nicht vertrug. In dieser Zeit äußerte er sich einmal so: «Eine wachsende Zahl skrupelloser Individuen macht sich beim Militär breit und mißbraucht ihre Macht. Es handelt sich um Verrückte, die intolerant und zerstörungswütig sind. Man muß wirklich dumm sein, um so widernatürlich zu handeln. Harmonie, Liebe und Höflichkeit sind die Tugenden des echten Budo, doch die heutigen Machthaber mißbrauchen es zur Zerstörung. Mir bleibt kein anderer Weg, als mich zurückzuziehen, um nicht auch von ihnen mißbraucht zu werden.»

Als die Amerikaner nach dem Krieg alle Dojos schließen ließen, wurde Ueshiba – aufgrund seiner pazifistischen Tendenzen – als erstem erlaubt, seine Kampfkunst wieder zu unterrichten. Das neueröffnete Dojo heißt seitdem Aiki-Kai-Honbu-Dojo.

Am 26. April 1969 verließ uns Meister Ueshiba für die weite Reise. Zurück blieben ausgezeichnete Lehrer, die es sich zum Ziel machten, Aikido in der ganzen Welt zu verbreiten.

Aikido im Westen

Als die ersten Schüler von Morihei Ueshiba in die westlichen Länder kamen, war Aikido dort völlig unbekannt. Heute gibt es in fast jeder Stadt Westeuropas eine oder gleich mehrere Aikido-Gruppen. Wie konnte sich eine bis dahin im Westen unbekannte Disziplin so rasch verbreiten? Die Antwort liegt im universalen Charakter von Ueshibas Gedanken: Aikido ist nicht nur für eine bestimmte Gruppe oder ein bestimmtes Land entwickelt worden; es ist ein Geschenk für die ganze Welt.

Einige japanische Lehrer kehrten nach gewisser Zeit wieder zurück, andere blieben und entwickelten das Aikido mit der Unterstützung ihrer fortgeschrittenen europäischen Schüler weiter. Interessante Persönlichkeiten, wie zum Beispiel Meister Tamura in Europa, werden nicht nur wegen ihrer technischen und pädagogischen Fähigkeiten geschätzt, sondern auch wegen ihrer geistigen Haltung, die sich in ihrem Unterricht unmittelbar widerspiegelt. Viele «Westler» näherten sich dem Aikido auf dem Weg über die japanische Philosophie und Kunst, andere kamen erst durch die Praxis des Aikido auf den Geschmack an der japanischen Kultur, wie es bei mir der Fall war. Die Notwendigkeit, andere Menschen von der Schönheit und der sozialen Bedeutung des Aikido zu überzeugen, brachte einige auf die Idee, ihre Kenntnisse bezüglich der Kulturgeschichte, der Sitten und des Brauchtums Japans zu vertiefen.

Das Ergebnis ist, daß seit geraumer Zeit eine Reihe von erfolgreichen und verantwortungsbewußten europäischen (und amerikanischen) Lehrern die Botschaft Ueshibas in würdiger und getreuer Weise weiterverbreiten, und ihre Kenntnisse dieser Kunst durch den Einsatz ihrer eigenen persönlichen kulturellen Erfahrung bereichern, was im Sinne Meister Ueshibas ist. Auch eine zunehmende Anzahl von Aikido-Schulen, die von europäischen Lehrern geleitet werden, ist ein Zeichen dafür, daß die Bemühungen des alten Meisters begonnen haben, in der ganzen Welt Früchte zu tragen. Wir, Japaner und Europäer, können alle voneinander lernen, wobei Aikido ein Bindeglied sein kann.

«Ihr sollt Aikido zuerst als Budo-Kunst verstehen und dann als Weg, dem Aufbau der Weltfamilie zu dienen. Aikido ist nicht für ein einziges Land gedacht. Sein Zweck ist es, das Werk der Schöpfung zu vollbringen. Wahres Budo ist liebevolles Beschützen aller Wesen im Geist der Versöhnung.»

«Wahres Budo bedeutet, Leben zu beschützen, und ist die Quelle alles Schöpferischen. Wer danach strebt, Aikido zu erlernen, sollte sein Herz öffnen und nach der Erkenntnis des göttlichen Wesens [jap. *Kami*] handeln. Ihr sollt die große Befreiung durch Aiki begreifen und mit der Kultivierung des Geistes beginnen.

Mein Wunsch ist es, alle denkenden und fühlenden Menschen die Stimme des Aikido hören zu lassen, so daß sie ihr eigenes Denken und Fühlen berichtigen können.

Das ist Aikido. Das ist seine Aufgabe und sollte auch eure sein.»

Aus den Schriften von Meister Ueshiba

Religiöse Wurzeln des Aikido

Ueshiba betrachtete Aikido nicht als seine eigene Schöpfung, sondern als einen heiligen Weg, welcher ihm als Spiegel der universellen Ordnung offenbart wurde. Als Ueshiba anfang Vierzig war, hatte er eine Erleuchtung, die ihm eingab, ein Gefäß der göttlichen Energie des Kosmos zu sein. Danach fühlte er sich als die Inkarnation von Ta-Jikara-ono-Mikoto, «das männliche Prinzip der physischen Kraft».

In der shintoistischen wie in der buddhistischen Lehre besteht der Glaube, daß die Meister, nach vielen Jahren strengster Schulung mit ihrem inneren Auge der Weisheit die Welt der heiligen Wesen und das geistige Reich tatsächlich wahrnehmen können. Die Götter (Kami) und die Buddhas können sich demnach im Inneren solcher «Menschen reinen Geistes» wie Ueshiba offenbaren.

> Du kannst das Göttliche nicht mit deinen groben Sinnen sehen oder berühren. Das Göttliche ist in dir, nirgendwo anders. Vereinige dich mit dem Göttlichen, und du wirst in der Lage sein, den *Kami* wahrzunehmen. Wo immer du bist, versuche aber nicht, ihn zu greifen oder dich an ihn zu klammern.

Der Shintoismus lehrt, daß sich in jedem Menschen ein Kami befindet. Das japanische Wort *Hito* (menschliches Wesen) bezeichnet den Ort, wo der Lebensfunken sitzt. Jedoch, sind sich die meisten Menschen ihrer göttlichen Herkunft nicht bewußt oder haben sie vergessen oder verschüttet. Chinkon-Kishin, eine alte Shinto-Meditationstechnik, wurde von Onisaburo Deguchi und später Morihei Ueshiba angewendet als ein Mittel, den Geist zu beruhigen und die Rückkehr zum Göttlichen herbeizuführen. Eng verbunden mit Chinkon-Kishin ist die Praxis des Misogi, eines Reinigungsritus. Hier wird also der Zusammenhang von Aikido und Shintoismus deutlich.

Aikido als ganzheitliche Welterfahrung

Ueshiba erarbeitete, aus seiner unermeßlichen Erfahrung schöpfend, ein System, das einzigartig in der Geschichte des Budo ist. Dieses System ermöglicht dem Lernenden, sein Dasein als Ganzes zu begreifen – ein Dasein, das biologische, soziale und auch ökologische Aspekte hat. Erst durch das Zusammenspiel von Körper und Geist ist es möglich, den wahren Sinn zu erkennen, und deshalb kann sich Aikido nicht auf bloße Technik beschränken. Es ist vielmehr das wunderbare Wesen des Herzens, das durch die Bewegungen Gestalt annimmt.

Diese Körper und Geist umfassende und vereinende Erfahrung wurde bereits im *Tengu-geijutsu-ron* von Shissai Chozan, einer Schrift zur Schwertkunst aus dem frühen 18. Jahrhundert, formuliert:

«Die Schwertkunst ist zwar auf Sieg und Niederlage (das Kämpfen) ausgerichtet, doch wenn man an ihren Kern gelangt, muß man bekennen, daß er die wunderbar sich entfaltende Natürlichkeit des Herzens ist.»

«Wenn man in der Technik nicht reif ist, mag das Herz zwar stark sein, aber es gelingt einem nicht, seiner Funktion gerecht zu werden. Man übt die Technik durch das Fluidum [*Ki*]. Das Fluidum ist etwas, das über das Herz die Form bestimmt. Deshalb kommt es darauf an, daß das Fluidum lebhaft und ungehemmt, kraftvoll und unverbogen ist. Indem man das der Technik innewohnende Prinzip erfaßt, entspricht man der Natur des Gerätes. Als Folge der Reife in der Technik wird das Fluidum harmonisch und ausgeglichen, das ihr innewohndende Prinzip enthüllt sich ganz von selbst, und wenn man es im Herzen erfaßt hat und keine Zweifel mehr darüber hegt, dann fallen Technik und Prinzip zusammen, das Fluidum ist gesammelt, der Geist beruhigt, und die Reaktionen erfolgen unbehindert.»

«Wenn man in der Technik nicht reif ist, ist das Fluidum nicht harmonisch und augeglichen, und wenn das Fluidum nicht harmonisch und ausgeglichen ist, ergibt sich nicht die angemessene Form, Herz und Form werden zu zwei verschiedenen Dingen, und deshalb erlangt man keine Freiheit.»*

* Zitiert aus Reinhard Kammer: *Zen in der Kunst, das Schwert zu führen,* Bern u. a. (O.W. Barth), Neuausgabe 1988.

«Das Fluidum ist gesammelt,

der Geist beruhigt, und

die Reaktionen

erfolgen unbehindert.»

Die Grundlagen des Aikido

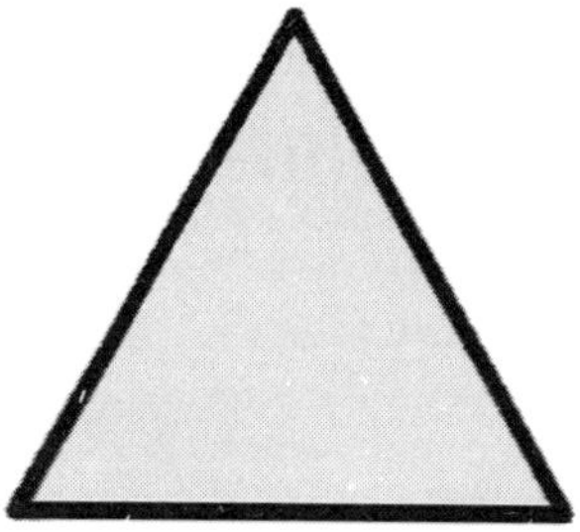

Sankaku ni irimi shite –
Gehe hinein wie ein Dreieck

Maru ni sabaite –
Bewege dich wie ein Kreis

Shikaku ni osaeru –
Beende (die Bewegung) wie ein Viereck (bezieht sich auch auf die Haltetechnik)

Die Grundprinzipien des Aikido

In der Natur sind Kreis, Kugel und Spiralformen, auf denen das Prinzip der Aikido-Bewegungen basiert, zu beobachten. Deshalb werden die Aikido-Techniken in der Praxis zunächst in ihrer «großen Form» (*Dai*) ausgeführt, um dem Schüler zu ermöglichen, sie leichter zu erkennen und zu begreifen.

Mit fortschreitendem Können werden die Bewegungen, wie bei einem ernsthaften Angriff, kürzer und kleiner ausgeführt. Die Angriffsenergie des Gegners wird ins Leere abgeleitet.

Wenn man den Gegner als Gegner betrachtet, entsteht Dualität. Die dadurch hervorgerufene Unruhe des Geistes beeinträchtigt die Reaktionsfähigkeit. Es wird dann für einen kräftigen, furchtlosen Gegner leicht sein, die psychische und physische Kontrolle über den Angegriffenen auszuüben, was dessen unmittelbare Niederlage zur Folge hat. Die in jahrelanger mühsamer Arbeit erlernten Techniken können dann im entscheidenden Moment kaum zur Anwendung kommen.

Sollte es dem Angegriffenen aus einem glücklichen Zufall heraus dennoch gelingen, aufgrund von Fehlern des Angreifers dessen Angriff zu kontern, muß mit ernsthaften Verletzungen gerechnet werden. Dies ist nicht zu verantworten; deshalb ist es unerläßlich, neben der Aneignung der Technik auch den Geist durch Meditation, Kontemplation und Atemübungen zu schulen, um einen ruhigen Geist zu erlangen. Erst dann ist es möglich, während der Bewegung einen Zustand der Leere zu erreichen, wie es zum Beispiel im *Zazen*, dem «Sitzen in Versunkenheit», welches die grundlegende Übung des Zen darstellt, der Fall ist.

Im Aikido wird das Ziel verfolgt, einen Angriff zu neutralisieren, ohne dem Angreifer zu schaden. Dadurch wird ihm die Möglichkeit gegeben, über das Unrecht seiner Handlung nachzudenken. Diese Haltung des Übenden wird sich auch auf sein tägliches Leben übertragen. Hat er Aikido wirklich verstanden und verinnerlicht, wird er die eigenen Fehler nicht mehr verdrängen, sondern versuchen, sie aufzulösen. Einsicht ist der erste Schritt zum Frieden unter den Menschen.

Kehren wir aber zur Praxis zurück: Alle Techniken werden in Harmonie mit der Atmung ausgeführt. Vor der Bewegung atmen wir tief und zügig ein, um dann in der Bewegung kontinuierlich auszuatmen. Diese Atmung (Kokyu) erlaubt es, mit geringem Kraftaufwand eine möglichst große Wirkung auf die Effektivität der Bewegungen zu erzielen. Wesentliche Begriffe des Aikido sind Ki, Kokyu und Hara (auch Seika tanden); sie entspringen der östlichen Philosophie und Kosmologie. Deshalb müssen diese Begriffe zuerst kurz erklärt werden.

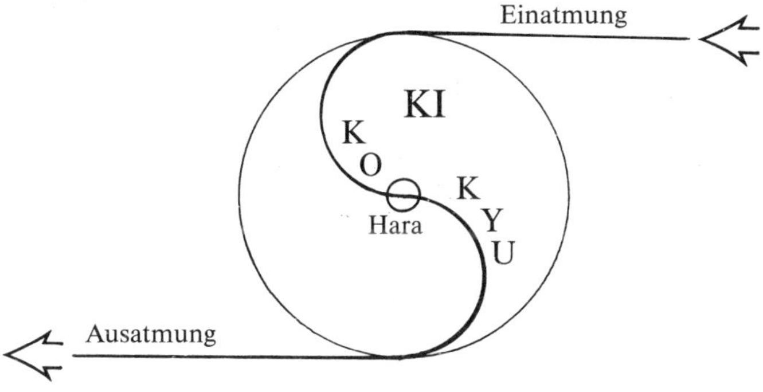

Das Konzept des *Ki* (chin. *Ch'i*) stammt aus der chinesischen Philosophie. Sie beschreibt Ki als die Ursubstanz, die Urenergie, die das Tao hervorbringt, das Grundgesetz der Natur. Ki ist auch das, was als «Lebensatem» alle Lebewesen nährt und erhält. Das Schriftzeichen für Ki setzt sich aus zwei Bestandteilen zusammen, die «Dampf, feine Substanz» (oberer Teil) beziehungsweise «Nahrung, Reis» (unterer Teil) bedeuten.

Ki

Jedes Wesen im Universum besitzt sein eigenes Energiefeld. Durch die Lebewesen fließt ein besonders starkes Energiefeld. Jede Störung des Energieflusses verursacht Krankheiten; hört die Energie auf zu fließen, tritt der Tod ein.

Nach der chinesischen Kosmologie erhält jedes Wesen Ki als Lebensimpuls; nach seinem Tod fließt das Ki in die Natur und den Kosmos zurück. Das Ki kann durch vieles beeinflußt werden: Natur, Wetter, Jahreszeiten, Gedanken und Stimmung. Es kann auch zwischen den Wesen ausgetauscht werden. Wissenschaftlich kann dieser komplexe Begriff Ki zumindest teilweise als Stoffwechselprozeß verstanden werden. Zum Beispiel könnte man sagen, daß mit der Atmung aufgenommene ionisierte Luft Ki mit sich bringt und uns stärkt. Im Aikido wird der Fluß des Ki bewußt genutzt. Dadurch, daß wir Ki ungehindert durch unseren Körper und über ihn hinaus fließen lassen, kommt es zu einer Ausdehnung unseres Energiefeldes, was uns erlaubt, einen Angreifer in unsere Energiesphäre einzuhüllen, den Angriff umzuleiten und den Angreifer nach der Ausführung der Bewegung weiter zu kontrollieren (Zanshin).

Tatsächlich wird unsere Mitte spürbar stärker, je mehr wir üben und unsere Aufmerksamkeit auf diesen Punkt richten. Das Ki wird dann ungehindert fließen und alle Handlungen werden ruhiger und konzentrierter. Im Laufe der Zeit entsteht so ein körperlich-seelisches Gleichgewicht. In dem bereits zitierten japanischen Text über die Schwertkunst (*Tengu-geijutsu-ron*), findet man folgenden Satz: «Man übt die Technik durch das Fluidum [Ki]. Das Fluidum ist etwas, das über das Herz die Form bestimmt.»

Kokyu

Ki und Kokyu hängen unmittelbar zusammen. Ki strömt aus Kokyu, dem «kosmischen Atem», der Kraft, die das Ki aktiviert.

Mond, leichter Wind und Bambus

Als Kokyu (jap. «Atem») bezeichnen wir die Atemkraft, die jede Aikido-Bewegung begleitet. Die Entwicklung eines starken Kokyu ist eines der wichtigsten Ziele des Aikido. Durch das Kokyu wird Ki im Hara (Seika tanden) zentriert. Gleichzeitig werden die Organe gestärkt und dadurch die Gesundheit gefördert. Durch einen starken Kokyu erlangen wir physische und psychische Kontrolle über den Angreifer. Daher ist die Atmung der Kernpunkt des Aikido. Wird eine Technik ohne korrekte Atmung ausgeführt, ist sie wie eine leere Hülle.

Hara

Hara (auch Seika tanden), die Mitte unseres Körpers, befindet sich etwa fünf bis zehn Zentimeter unterhalb des Bauchnabels. Hara ist der eigentliche Schwerpunkt des Menschen, der durch Methoden wie Aikido oder Yoga ausgebildet werden kann, und gilt als Zentrum aller Aktivität. Ein Mensch, dessen Hara gut ausgebildet ist, zeichnet sich durch körperliche und geistige Stabilität aus. Im Aikido ist Hara der Schwerpunkt, der in jeglichem Bewegungsablauf vorhanden sein muß und der der Bewegung, auch wenn sie sehr schnell ausgeführt wird, Stabilität verleiht.

Die nachfolgenden Meditations- und Atemübungen dienen zur Entwicklung von Ki, Kokyu und Hara.

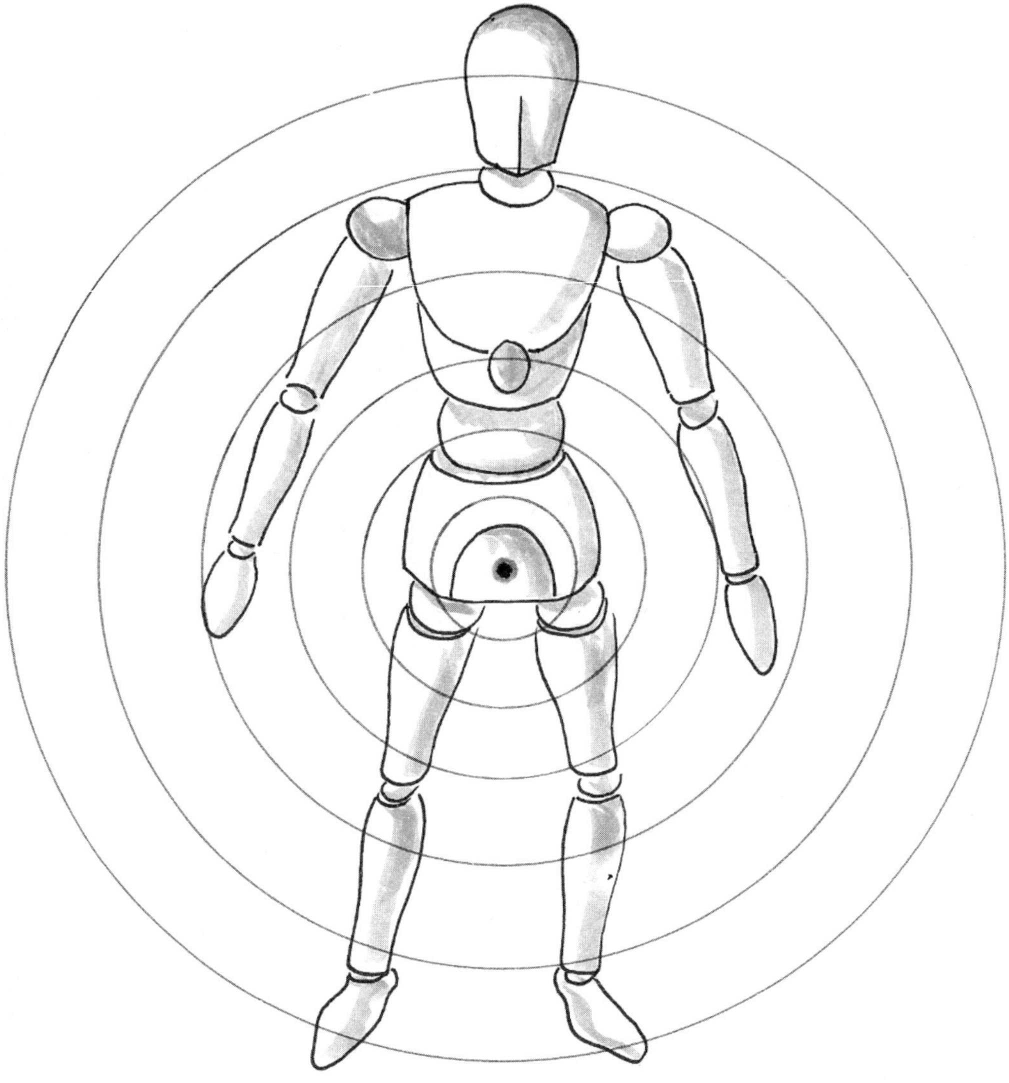

«Ich erkundigte mich nach dem Mechanismus dieser Figuren, und wie es möglich wäre, die einzelnen Glieder derselben und ihrer Punkte, ohne Myriaden von Fäden an den Fingern zu haben, so zu regieren, als es der Rhythmus der Bewegungen, oder der Tanz, erforderte?

Er antwortete, daß ich mir nicht vorstellen müsse, als ob jedes Glied einzeln, während der verschiedenen Momente des Tanzes, von dem Maschinisten gestellt und gezogen würde.

Jede Bewegung, sagte er, hätte einen Schwerpunkt; es wäre genug, diesen in dem Innern der Figur, zu regieren . . .

Ich fragte ihn, ob er glaubte, daß der Maschinist, der diese Puppen regierte, selbst ein Tänzer sein, oder wenigstens einen Begriff vom Schönen im Tanz haben müsse?

Er erwiderte, daß wenn ein Geschäft, von seiner mechanischen Seite, leicht sei, daraus noch nicht folge, daß es ganz ohne Empfindung betrieben werden könne.

Die Linie, die der Schwerpunkt zu beschreiben hat, wäre zwar sehr einfach, und wie er glaube, in den meisten Fällen, gerad. In Fällen, wo sie krumm sei, scheine das Gesetz ihrer Krümmung wenigstens von der ersten oder höchstens zweiten Ordnung; und auch in diesem letzten Fall nur elliptisch, welche Form der Bewegung den Spitzen des menschlichen Körpers (wegen der Gelenke) überhaupt die natürlichste sei, und also dem Maschinisten keine große Kunst koste, zu verzeichnen.

Dagegen wäre diese Linie wieder, von einer anderen Seite, etwas sehr Geheimnisvolles. Denn sie wäre nichts anders, als der *Weg der Seele des Tänzers*; und er zweifle, daß sie anders gefunden werden könne, als dadurch, daß sich der Maschinist in den Schwerpunkt der Marionette versetzt, d. h. mit anderen Worten, *tanzt.*»

Aus Heinrich Kleist: *Über das Marionettentheater*

Atem- und Meditationsübungen

Der Atem des Universums

Die tiefe Bauchatmung

Die tiefe Bauchatmung dient der Konzentration, der Reinigung der Lunge von Rückständen und der Sauerstoffversorgung des Bluts. Sie sollte zur Vorbereitung jeder Aikido-Übungsstunde praktiziert werden und kann sitzend oder stehend geübt werden.

Man atmet durch die Nase ein, und schickt die Luft in die tieferen Bereiche der Lunge. Man stellt sich vor, daß die Luft zwei- bis dreimal im Hara kreist und dann langsam ihren Weg wieder nach oben findet, wobei das Ausatmen langsam durch den Mund geschieht. Der Körper neigt sich von selbst nach vorn, wenn die gesamte Luft am Ende herausgepreßt wird. Die folgende Einatmung geschieht dann automatisch.

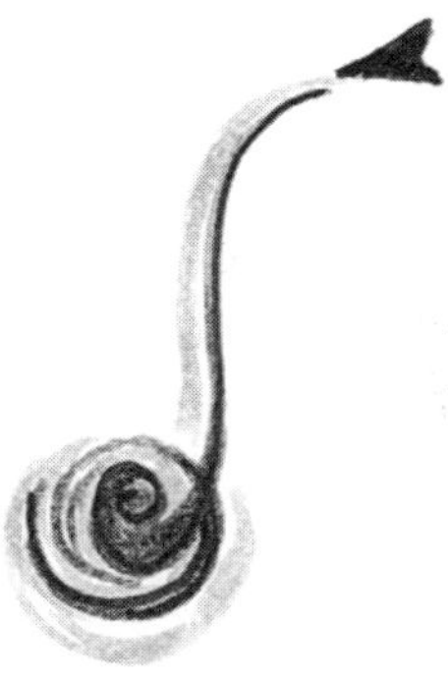

1

2

Kokyu ho (sitzend)

Kokyu ho ist die Basis aller Aikido-Übungen und sollte am Anfang oder Ende jeder Übungsstunde ausgeführt werden. Es basiert auf dem selben Prinzip wie die tiefe Bauchatmung.

Diese Übung fördert das Fließen der Energie (Ki) durch den Körper und nach außen, sowie die Stabilität des Hara (Seika tanden).

1

Abb. 1: Beide Partner sitzen sich im Seiza (jap. Fersensitz) gegenüber. Der rechte faßt von oben beide Handgelenke seines Gegenübers und konzentriert sich auf seine eigene Mitte.

2

Abb. 2 bis 6: Der Linke der beiden Partner schickt sein Ki durch die Arme und Hände nach außen, wodurch der Partner aus der Balance gebracht wird. Während des ganzen Vorgangs atmen beide Partner aus.

3

4

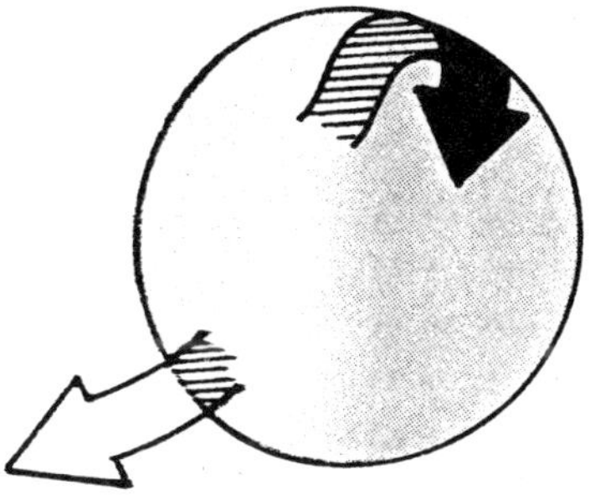

5

6

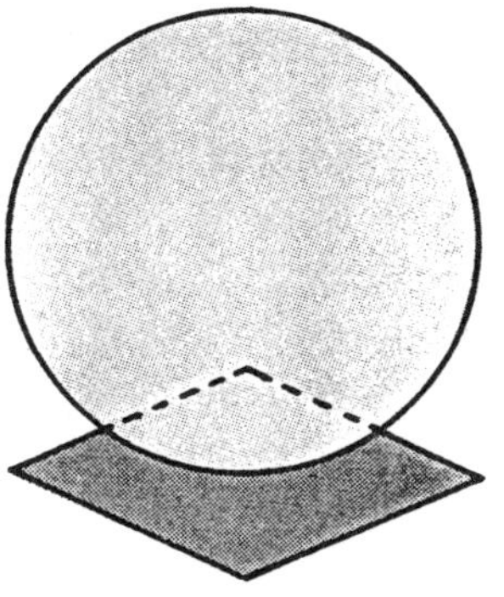

Anschließend kontrolliert man Handgelenk und Schulter des Partners mit beiden Händen.

Kokyu ho (stehend)

Die stehende Kokyu-ho-Bewegung stellt, wie die sitzende, eine technische Bewegung dar. Sie gehört gleichzeitig zu den Angriffsformen, die auf Seite 101 aufgelistet werden.

1

Der Angreifer faßt mit beiden Händen das linke Handgelenk des Partners

2

Wie aus dem Fußdiagramm ersichtlich, ändert der Partner seine Position um 90° zur linken Seite, senkt leicht Knie und Hüfte,

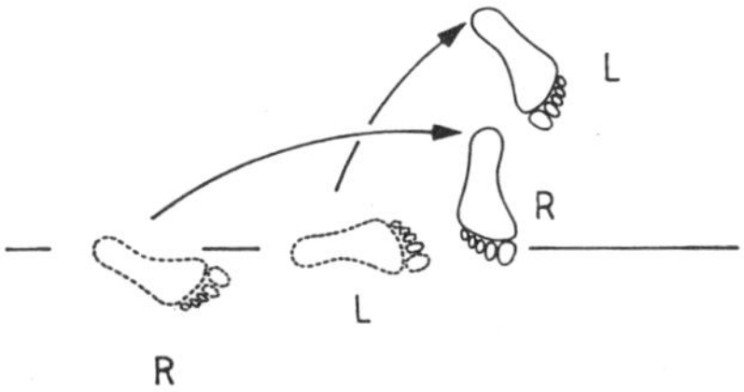

3

und bringt beide Arme nach oben wie beim Ausholen mit dem Schwert.

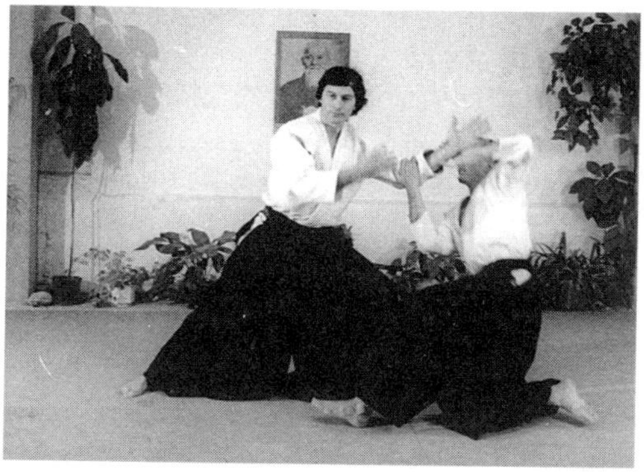

4

Abb. 4: Die Hüfte dreht jetzt um ca. 90° nach links, und die rechte Handkante zeigt auf die Mitte des Angreifers, während dieser rückwärts fällt. Der Blick des Verteidigers ist leicht zur Seite gewandt, entsprechend der Kraftrichtung des Gegners.

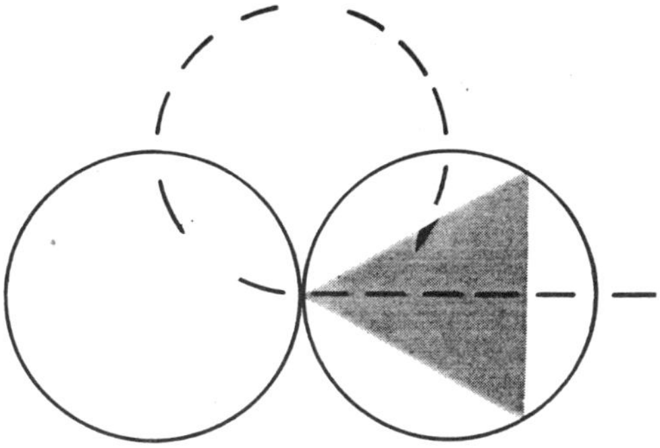

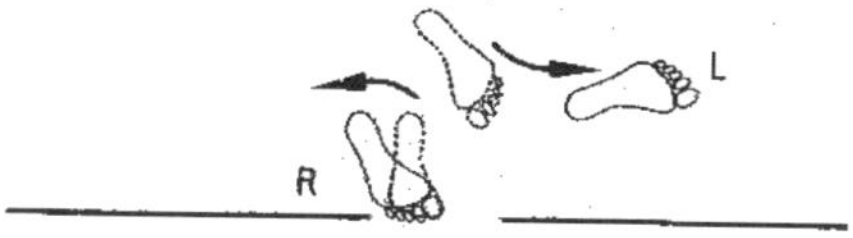

Kokyu ho (stehend) mit zwei Partnern

Atemübung Nr. 4

Die Atemübungen 4 bis 8 dienen der Stärkung der inneren Organe und fördern die Ausbreitung des Ki während der eigentlichen Techniken. Außerdem bewirken sie Konzentration und innere Ruhe. Wenigstens zwei dieser Übungen sollten mehrfach wiederholt (mindestens fünfmal) zu Anfang jeder Trainingsstunde durchgeführt werden.

Abb. 1: Man konzentriert sich auf den Mittelpunkt (Hara) und läßt das Ki durch den ganzen Körper zum Himmel und zur Erde fließen. Die Augen können offen oder geschlossen sein.
Einatmen von 1 bis 3.

1

2

3

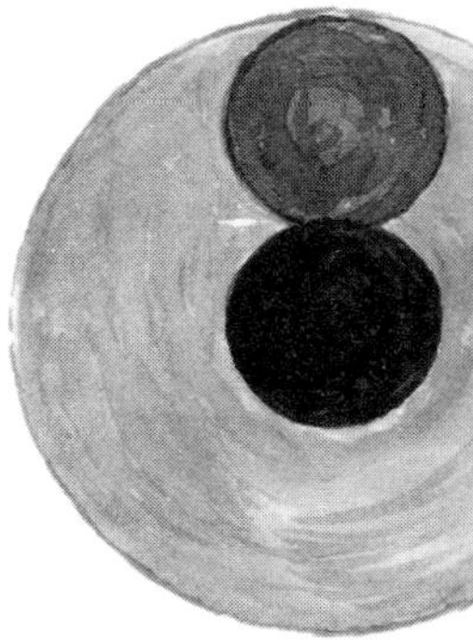

Ausatmen
Von 4 bis 7.
Die Handflächen weisen nach außen.

4

5

6

7

Atemübung Nr. 5

Einatmen von 1 bis 3.

1

4

Atem Anhalten

2

5

Ausatmen von 5 bis 6.

3

6

Atemübung Nr. 6

Diese Atemübung erfolgt in drei Abschnitten, die ineinanderfließen:

1

Abb. 1: Zunächst atmet man ein.

2

Abb. 2: Während man beide Hände langsam nach oben führt, wird die Luft zur Bauchgegend geschickt; die Schultern sind entspannt.

Abb. 3: Die Handflächen werden jetzt nach unten gedreht, man atmet langsam und so lange wie möglich aus.

3

4

5

Abb. 5: Mit der nächsten Einatmung führt man die linke Hand in halbkreisförmiger Bewegung nach oben, während die rechte nach unten sinkt.

6

7

Abb. 7: Beim Ausatmen geht die linke Hand langsam nach unten.

8

Die Abbildungen 9 bis 12 zeigen denselben Vorgang mit der rechten Hand.

9

10

11

12

Atemübung Nr. 7

1

Abb. 1: Man hält die Hände zusammen, die Finger verschränkt.
Die Handflächen zeigen zunächst nach oben.

2

Abb. 2: Beim Einatmen werden die Arme in Brusthöhe gebracht.

Abb. 3 bis 4: Man dreht dann die Handflächen nach unten und atmet aus.

3

4

Abb. 5 bis 9: Den Vorgang wiederholen, dieses Mal die Hände über den Kopf bringen (auf die Schulter achten, die besonders entspannt sein sollen), dann langsam ausatmen und die Arme wieder senken.

5

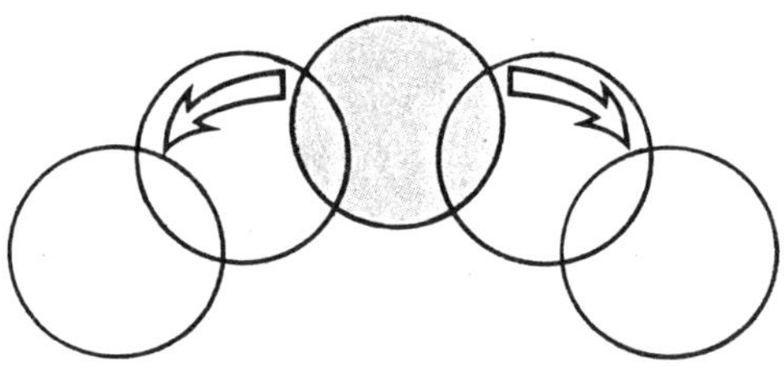

6

7

9

Atemübung Nr. 8

1

Einatmen von 1 bis 3

2

3

Die Handflächen zeigen nach oben.

4

Ausatmen von 4 bis 6; die Handflächen zeigen jetzt nach unten.

5

6

Meditationsübung

Voraussetzung für die Meditationsübung ist zuerst das Erreichen eines entspannten Zustandes, indem man eine korrekte Haltung einnimmt. Hierfür ist der japanische Fersensitz (Seiza) oder der Halblotos- und Lotossitz bestens geeignet. Beim Lotos- und Halblotossitz benötig man ein Meditationskissen (Zafu), damit die Wirbelsäule gerade bleibt. Die Schultern sind locker, der Kopf gerade, der Bauch nach außen gewölbt.

Man konzentriert sich auf das Hara, den Schwerpunkt im Bauch, und auf die Atmung, die ruhig und ohne daß man sie bewußt kontrolliert durch die Nase strömt. Die Augen sind entweder geschlossen oder halboffen auf einen Punkt etwa einen Meter vor uns ruhend gerichtet. Der Blick wird nach innen gelenkt. Man versucht, alle aufkommenden Gedanken vorbeifließen zu lassen, wie das Wasser eines Flusses.

Die Meditationsübung sollte vor und nach einem Training jeweils für einige Minuten praktiziert werden. Unabhängig vom Training sollte man die Meditation regelmäßig mindestens einmal am Tag und wenigstens 15 Minuten lang üben.

Handhaltungen während der Meditation

Physische Vorbereitung
(Aiki taiso)

Gymnastikübungen

Hier werden einige der wichtigsten Gymnastikübungen vorgestellt. Sie dienen nicht nur zur Dehnung, Stärkung und Durchblutung der Sehnen, Muskeln und Gelenke, sondern auch zur Anregung der Organe. Die korrekte Ausführung dieser Übungen beugt Überdehnungen und Verletzungen vor.

Gymnastikübung Nr. 1

Abb. 1 bis 3: Arme nach oben strecken, Handflächen sind nach oben gewendet. Die Hüfte dreht nach links, dann nach rechts.

1

2

3

Gymnastikübung Nr. 2

Die Hand nach oben strecken, wobei die Handfläche nach oben gewandt ist, und die ganze Körperseite nach links oder rechts dehnen.

Oft wird diese Übung falsch ausgeführt, indem man das Ellenbogengelenk zu stark beugt, um so weit wie möglich nach unten zu kommen.

1

2

Gymnastikübung Nr. 3

Abb. 1 bis 3: Mit beiden Knien und der Hüfte nach rechts und nach links kreisen.

Abb. 4: Anschließend beide Kniescheiben sanft nach hinten drücken.

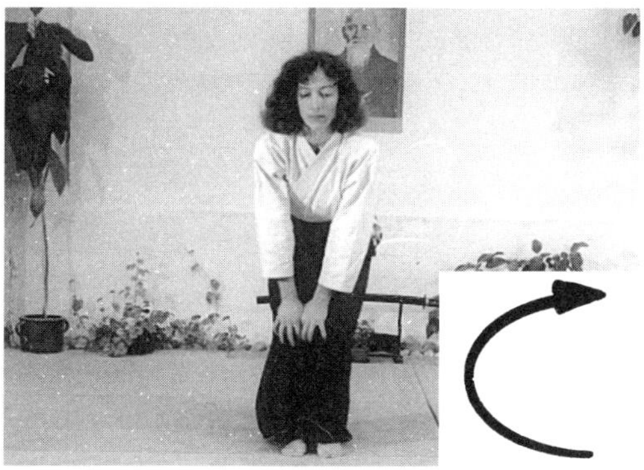

1

2

3

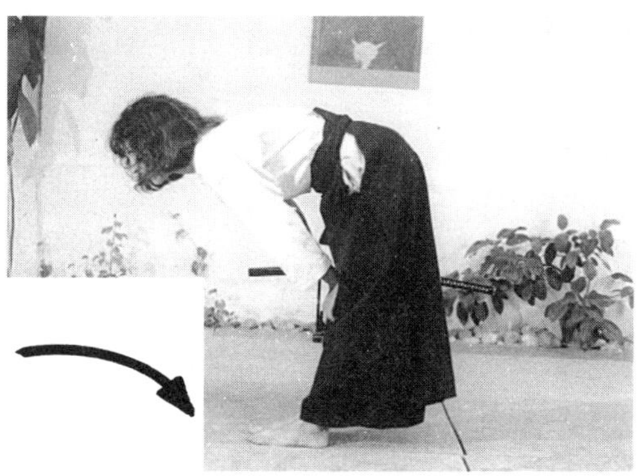

4

Gymnastikübung Nr. 4

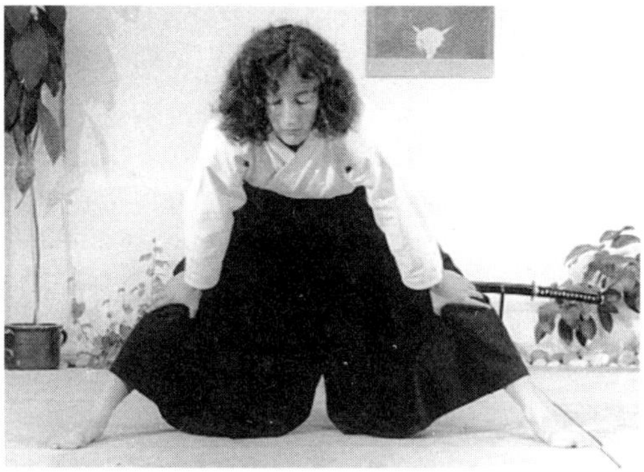

1

Abb. 1: Zunächst beide Knie nach hinten drücken.

2

Abb. 2: Dann das rechte und linke Bein strecken, wobei beide Fußsohlen flach auf dem Boden gehalten werden.

3

Abb. 3: Hier ist die Streckung tiefer auszuführen, während die Zehen nach oben gerichtet werden.

Gymnastikübung Nr. 5

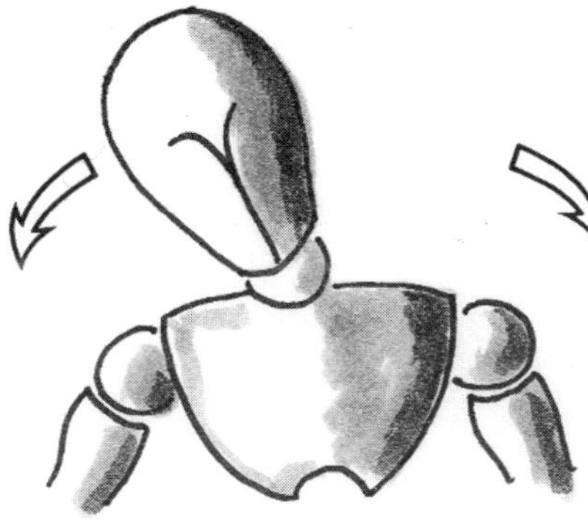

Den Kopf in Pfeilrichtung neigen;

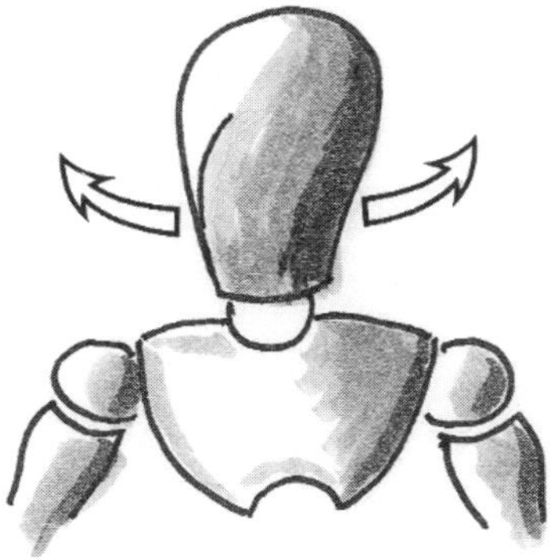

nach rechts und links drehen;

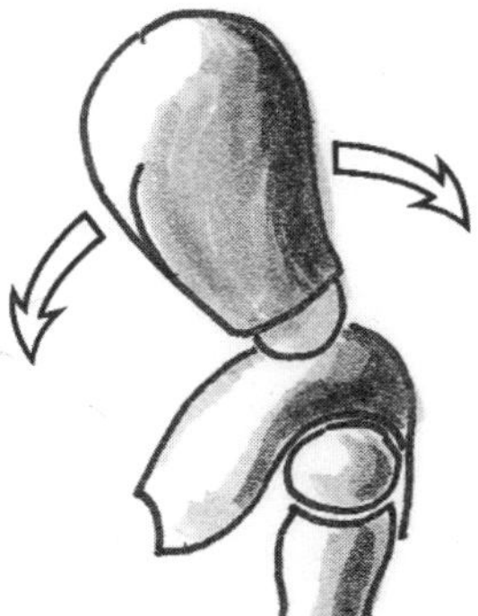

nach hinten und nach vorne neigen.

Mit dem Kopf kreisen; anschließend locker nach hinten neigen und schütteln.

Gymnastikübung Nr. 6

Kreisen des Obekörpers nach hinten und vorne in beide Richtungen. Darauf achten, daß die Fußsohlen gut am Boden aufliegen, und auf die Mitte (Hara) konzentrieren.

Gymnastikübung Nr. 7

1

2

Abb. 1 und 2: Hüfte nach vorn drücken und das hintere Bein gestreckt halten. Die Dehnung erfolgt in Richtung der Achillessehne.

Gymnastikübung Nr. 8

1

2

Abb. 1: Bauch zum Boden drücken. Die Hände nach vorn strecken. Tief ausatmen.

Abb. 2: Becken zum Boden drücken. Tief ausatmen.

Gymnastikübung Nr. 9

Mit den Händen beide Fußsohlen gegeneinander drücken, mit den Knien nach-unten wippen.

Gymnastikübung Nr. 10

Mit beiden Händen die Zehen festhalten, und aus dem Hüftgelenk heraus den Bauch nach vorne bringen.

1

Vorbereitende Bewegungsübungen

Sayu undo

Diese Übung dient als Vorbereitung für Kokyu ho (stehend).

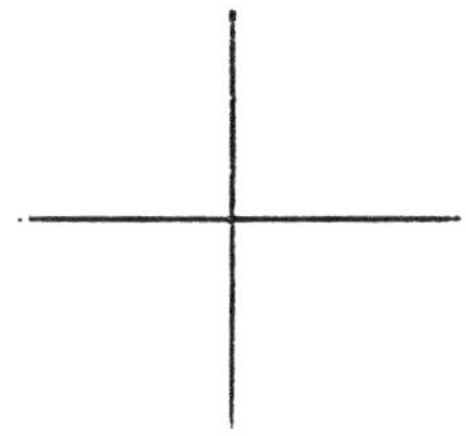

2

Abb. 1 bis 3: Der linke Fuß gleitet schräg nach hinten links, die Hüfte dreht um 90°.

Abb. 4 und 5: Die gleiche Bewegung zur rechten Seite.

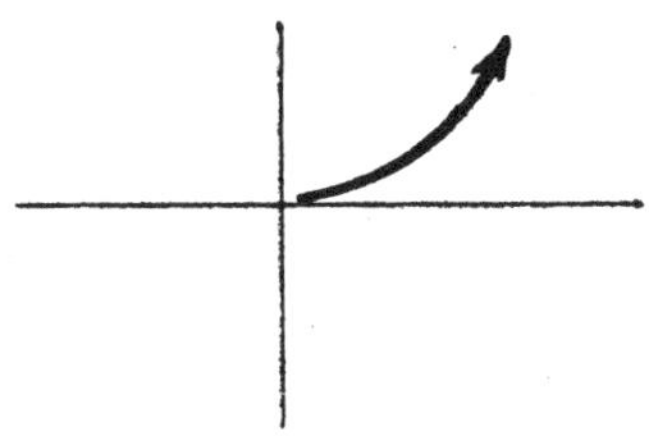

3

4

5

Ushiro tori undo

Abb. 1 und 2: Man macht mit dem hinteren Bein einen großen Schritt nach vorn, während der Oberkörper schräg links nach unten geneigt wird.

Diese Übung dient der Vorbereitung für Mae ukemi (Vorwärtsfallen) und für Wurftechniken, wie zum Beispiel Ushiro kata tori kokyu nage (s. Abb. Seite 224).

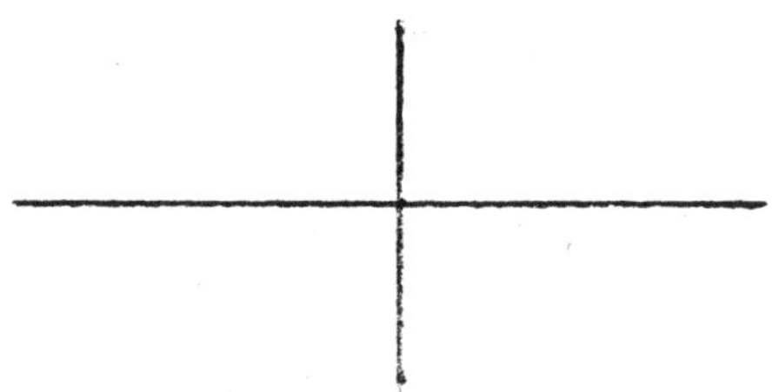

1

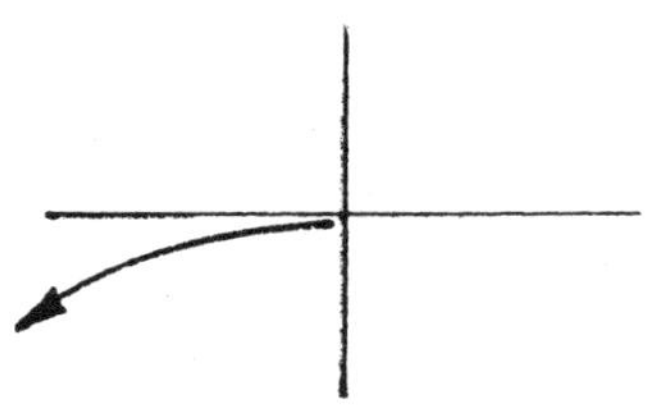

2

Ushiro tekubi tori zenshin undo

Diese Übung dient als Vorbereitung für Ushiro katate tori sankyo und Kokyu nage.

In der Zeichnung zeigen die Pfeile die Richtung der Handbewegung und die Schattierung die Expansion der Energie.

1

2

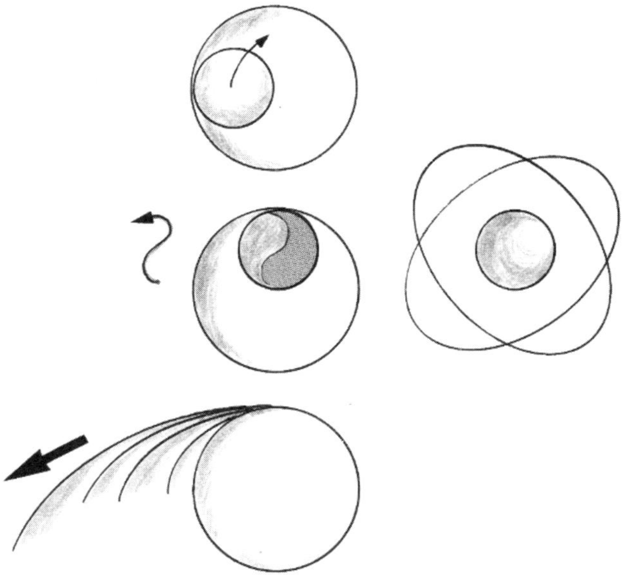

3

4

5

Kokyu Nage

Ikkyo undo

Diese Übung dient als Vorbereitung für alle Ikkyo-Formen.

Das Ki wird hierbei in die vier Hauptrichtungen geführt (Nord, Süd, West, Ost).

1

2

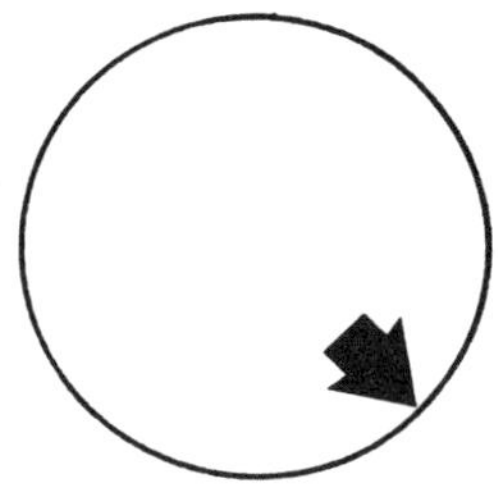

3

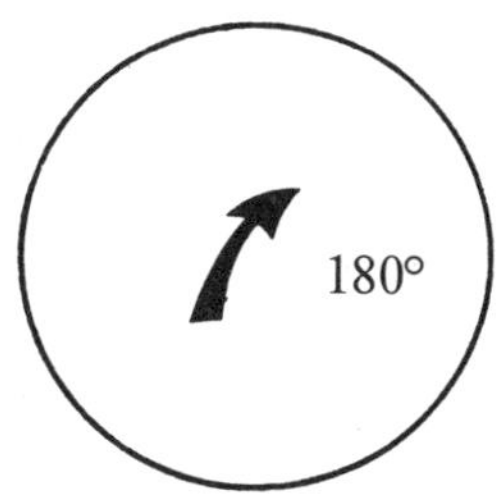

Hüftdrehung

4

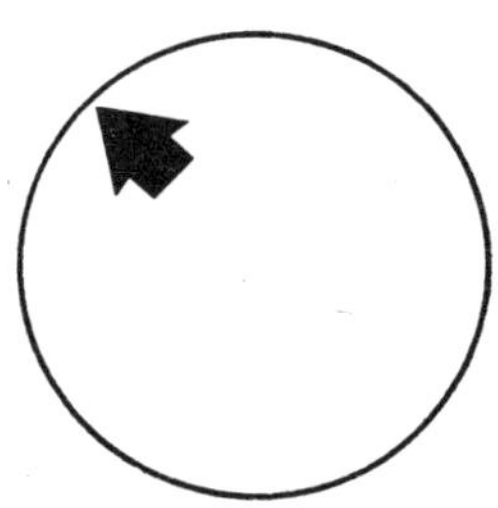

Abb. 5 und 6: Hüftdrehung um 90°; der hintere Fuß wird zum vorderen herangezogen und dann nach vorn gebracht. Hand- und Fußbewegung erfolgen zusammen.

5

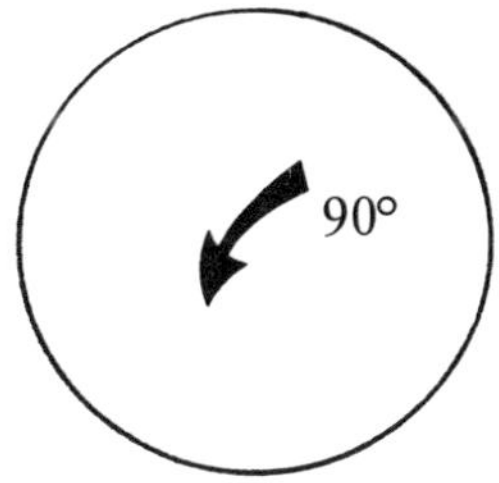

6

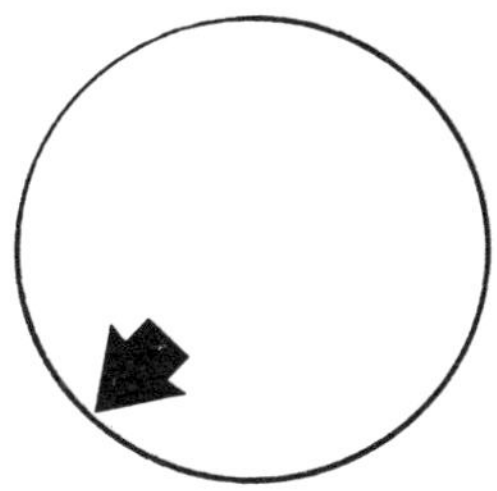

Abb. 7 und 8: Hüftdrehung um 180°; diese Übung wird für einige Minuten nach diesem Schema weiter fortgeführt.

7

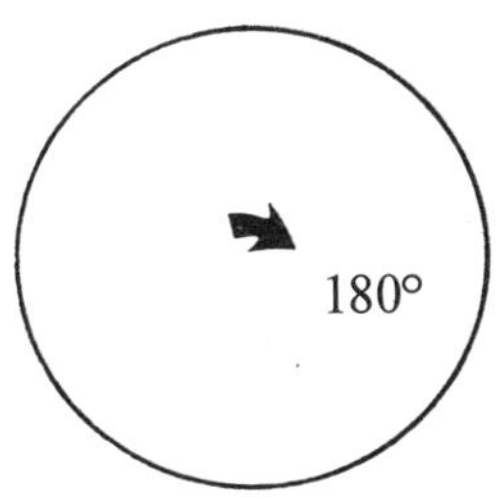

8

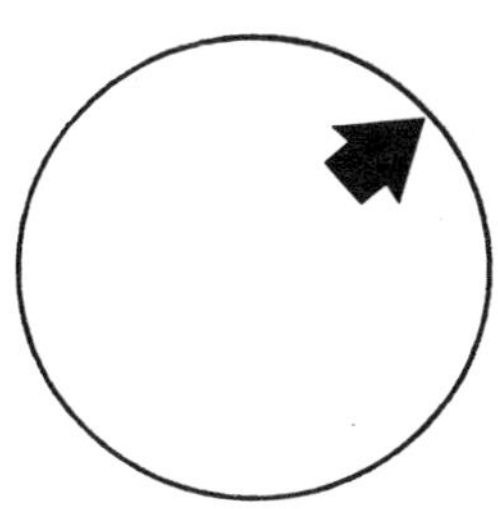

1

Vorbereitungsübungen für die Handgelenke

Ziel dieser Übungen ist, die Handgelenke stärker und dehnbarer zu machen.

Abb. 1: **Kote gaeshi** – Den rechten Handteller am unteren Bereich des linken Handrückens auflegen. Die Finger umfassen das Handgelenk, der Daumen liegt auf dem Handrücken, und die rechte Hand drückt die linke nach unten.

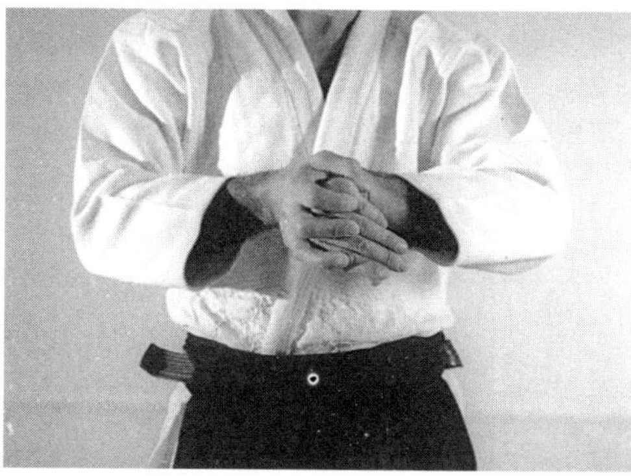

2

Abb. 2: **Nikyo** – Die Innenfläche der linken Hand weist nach außen. Mit der rechten Hand den linken Handrücken fassen (mit Daumen und kleinem Finger greifen).
Mit der rechten Hand die linke zum Körper heranziehen, gleichzeitig beide Ellenbogen nach unten richten. Auf guten Kontakt der Handfläche mit dem Handrücken achten.

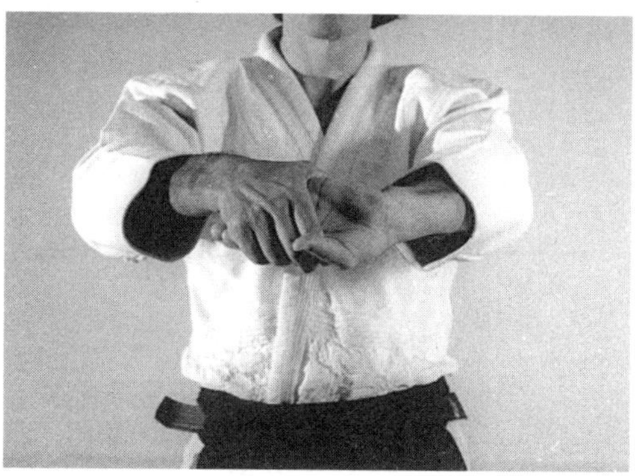

3

Abb. 3: **Sankyo (A)** – Die Handfläche der rechten Hand ist nach innen, die der linken nach außen gewandt.
Nachdem man mit der rechten Hand die linke gegriffen hat, wird diese nach außen gedreht. Gleichzeitig werden beide Hände nach vorne geführt.

4

Abb. 4: **Sankyo (B)** – Aus dieser Position bringt man beiden Hände an den Körper näher heran, und schiebt den linken Ellenbogen nach oben, während die linke Hand weiter nach innen gedreht wird.

5

Abb. 5: **Gokyo** – Linke Hand: Die Finger zeigen nach unten.

Mit der rechten Hand die linke anfassen und nach unten drücken, während die Ellenbogen nach innen geführt werden.

6

Abb. 6: Bei dieser letzten Dehnungsübung faßt man alle vier Finger und dehnt sie nach unten, während der linke Arm nach vorn gestreckt wird.

Alle Übungen beidseitig mindestens fünfmal ausführen; dabei ausatmen.

Einübung von Grundstellungen und -bewegungen

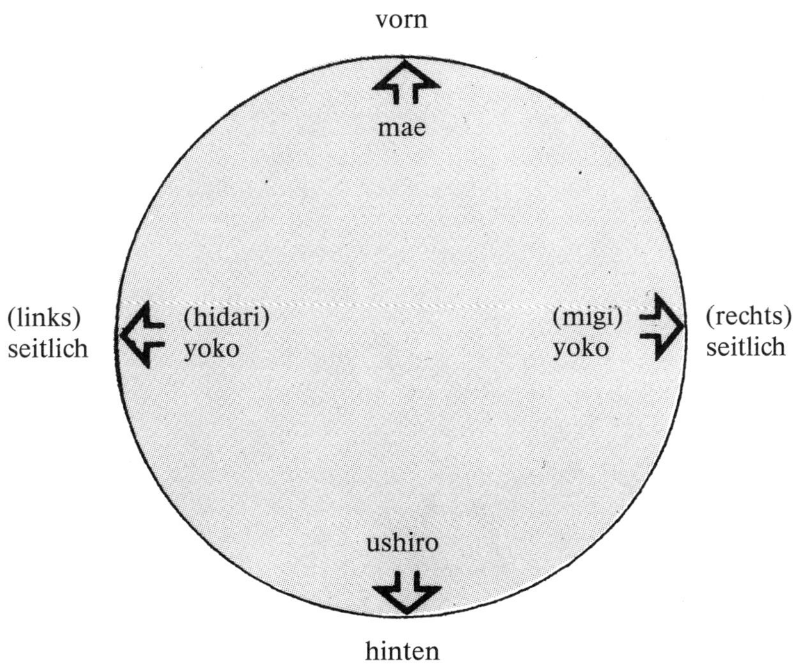

Das Prinzip von Yin und Yang in der Aikido-Bewegung

Wie bereits erwähnt, basieren die Aikido-Bewegungen auf dem Prinzip von Kreis, Kugel und Spirale. Die Angriffskraft eines Gegners wird aufgenommen und durch kreis- und spiralförmige Bewegungen umgeleitet. Zwei grundlegende Bewegungen werden benutzt, um dem Angreifer auszuweichen: Irimi (Yang) und Tenkan (Yin). Die genaue Ausführung der Fußbewegungen ermöglicht eine schnelle Verlagerung des Körpers in die gewünschte Position.

Folgendes Beispiel zeigt die Bewegung Irimi nage, der Angreifer wird durch ein Dreieck dargestellt.

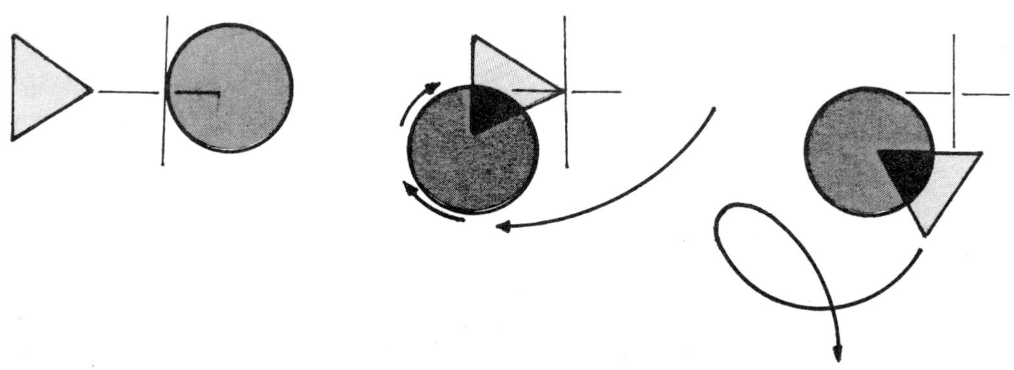

Natürliche Grundstellung (Shizen tai)

Die Grundposition (Hanmi)
und die wichtigsten Schrittfolgen

Hanmi

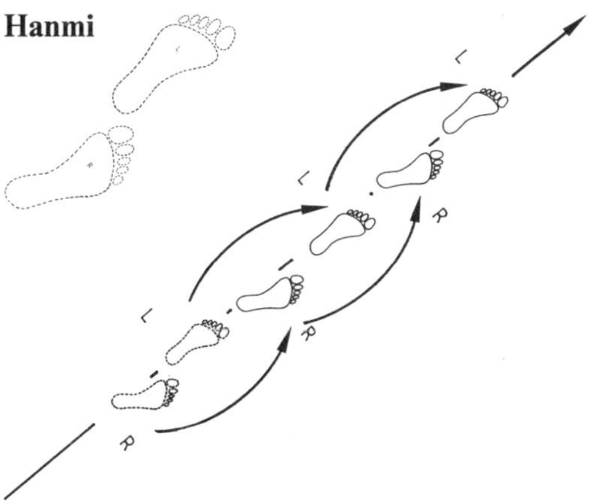

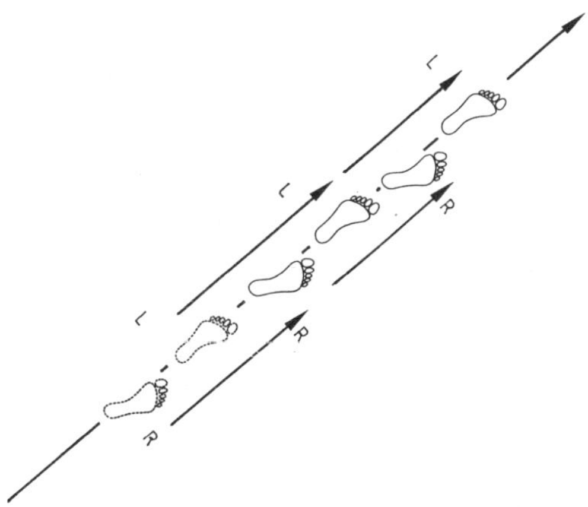

Ayumi ashi – Man bringt erst den hinteren Fuß, dann den vorderen nach vorn. Wie aus dem Diagramm ersichtlich, zeigen die Zehen des hinteren, schreitenden Fußes schräg (nicht 90°!) nach außen. Dies entspricht der natürlichen Art zu laufen.

Tsugi ashi – Mit dem vorderen Fuß nach vorn gleiten und den hinteren nachziehen.

Hanmi ist die Position, die immer erlaubt, einen Angriff des Gegners zu kontern, ohne getroffen zu werden. Die Spitze des Dreiecks weist in die Richtung des Ki.

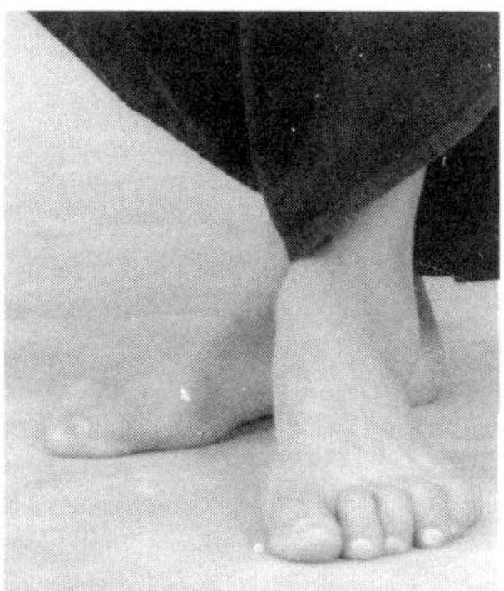

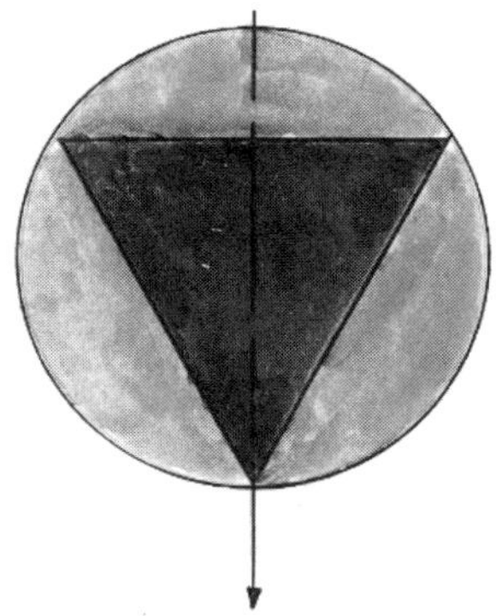

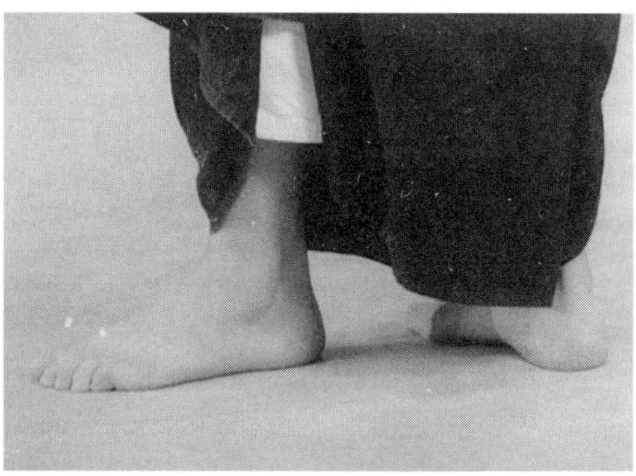

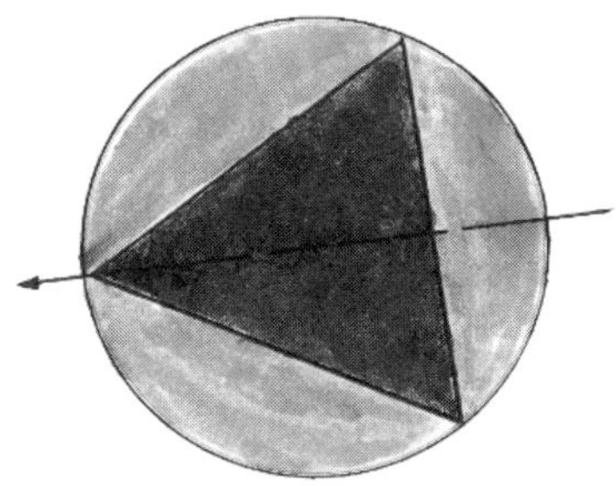

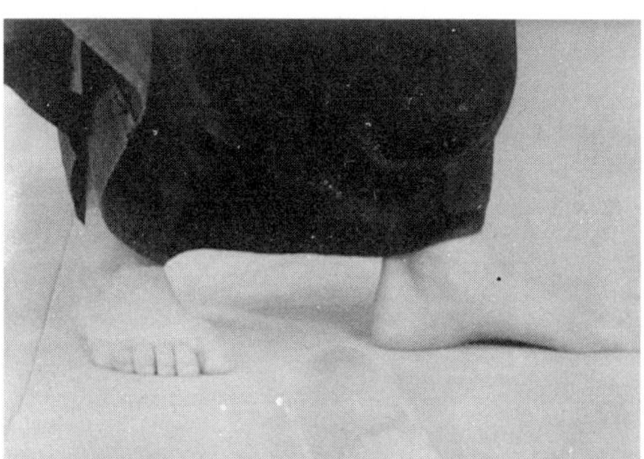

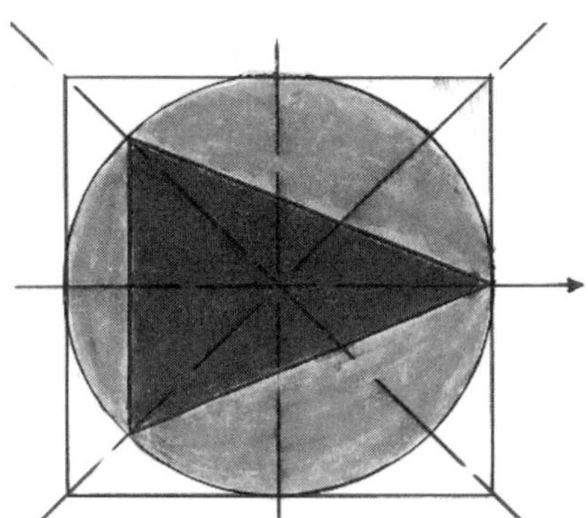

Hanmi
(Grundstellung in Bezug auf den Partner)

1

Ai hanmi (Katate tori)

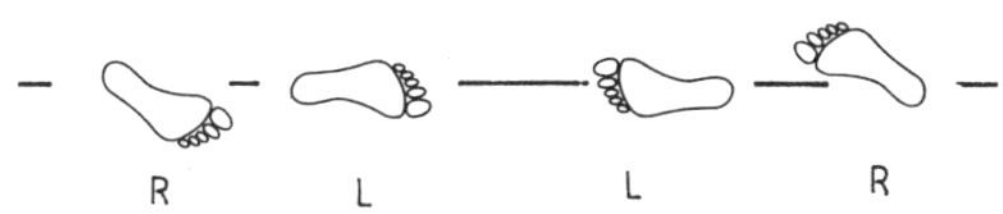

2

Gyaku hanmi (Katate tori)

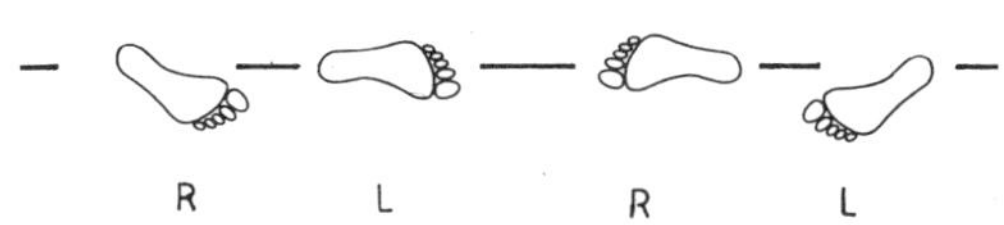

Kamae (Gamae)

1

Migi gamae (Grundstellung rechts)

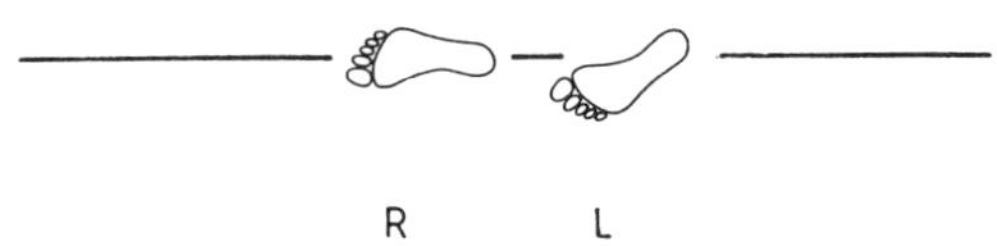

2

Hidari gamae (Grundstellung links)

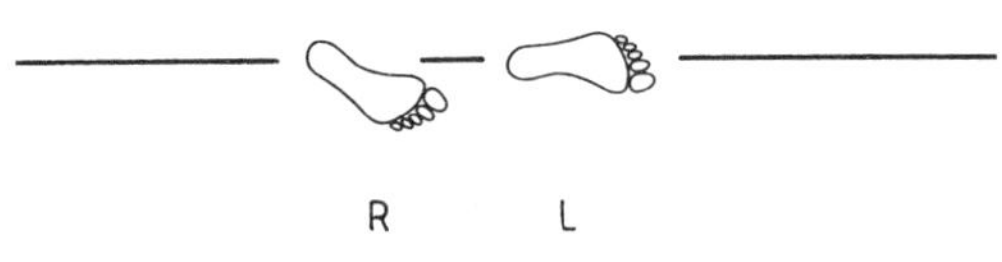

3

Hidari gamae (Grundstellung von vorn)

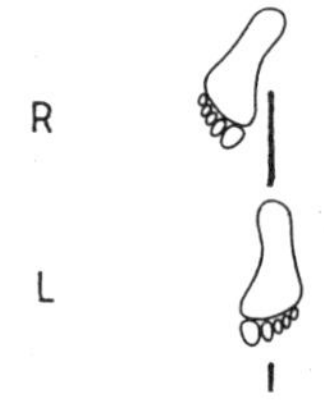

Ma ai (Abstand vom Partner)

Abb. 1 und 2: Ma ai ist der Abstand vom Gegner, den man einhalten muß, damit der Gegner nicht angreifen kann, ohne einen Schritt zu machen.

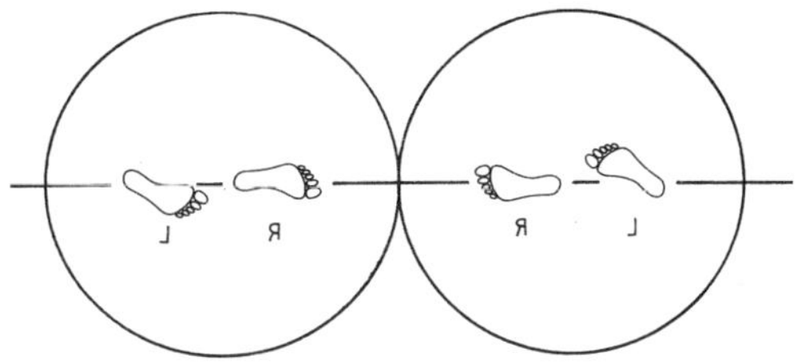

1

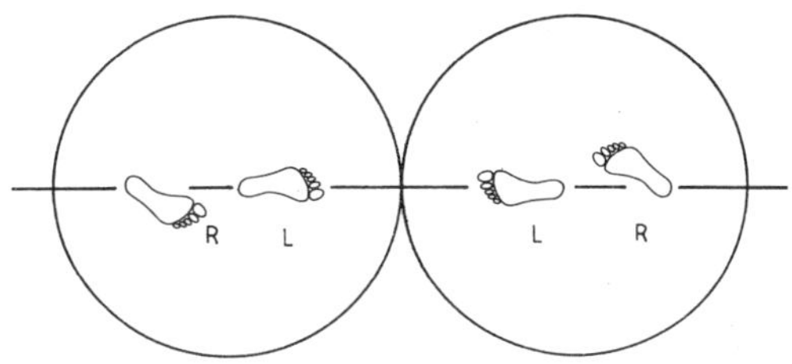

2

Position der Hände

Gedan

Chudan

Jodan

1

2

3

4

Irimi
(geradlinige Vorwärtsbewegung)

Irimi ist eine der wichtigsten Bewegungen im Aikido. Sie besteht aus einem schnellen Gleitschritt in Richtung des Angreifers (Abb. 1–4). Bei der Ausführung mit einem Partner endet die Bewegung leicht seitlich.
Die Diagramme zeigen verschiedene Möglichkeiten, Irimi auszuführen, je nach der Ausgangsstellung des Angegriffenen.

Ausgangsposition der Füsse

Ai hanmi

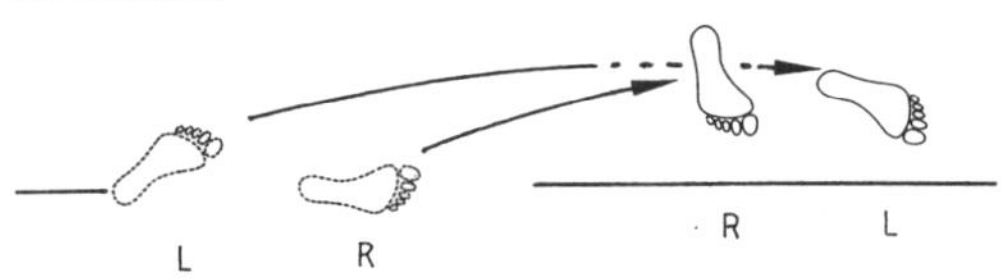

Gyaku hanmi

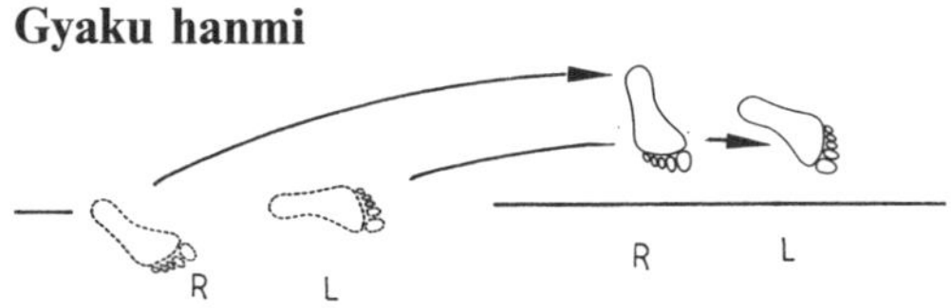

Ai hanmi

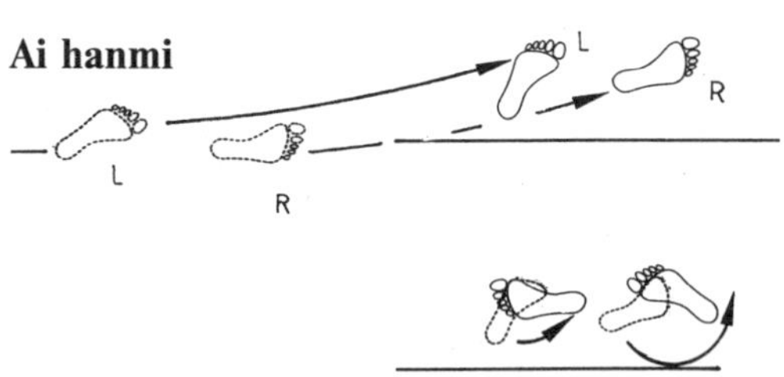

Irimi henka

Die Abbildungen verdeutlichen die Anwendung der Irimi-Bewegung in bezug auf den Partner:

1

Abb. 1: Ausgangsstellung Ai hanmi katate tori

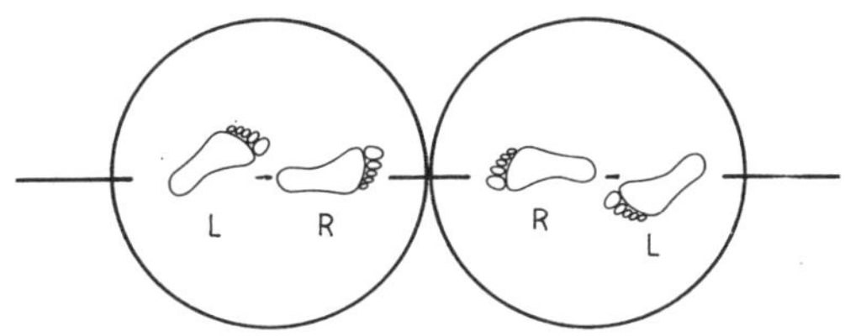

2

Abb. 2 und 3: Nach dem Irimi-Schritt wird die Hüfte um 180° gedreht. Man kontrolliert den Hals des Partners zwischen Hand und Schulter. Diese Übung ist die Vorbereitung für Irimi nage.

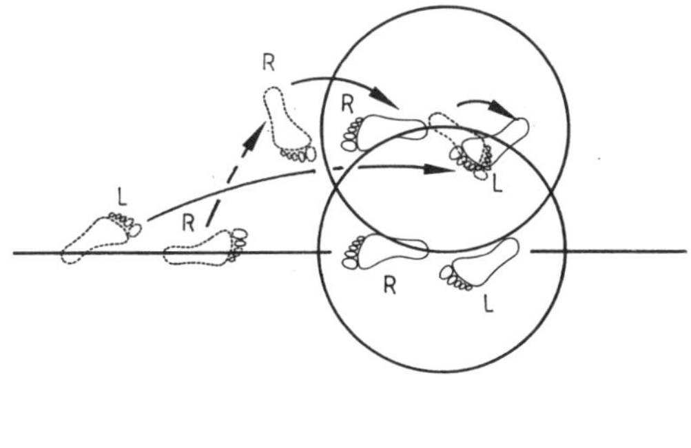

3

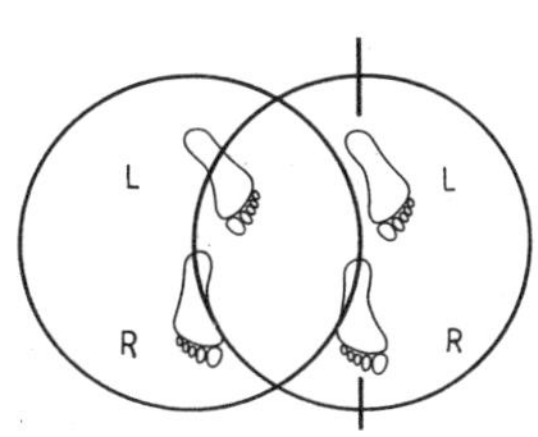

Tenkan

1

Tenkan ist ein Schritt mit einer Drehung um 180° um die eigene Achse.

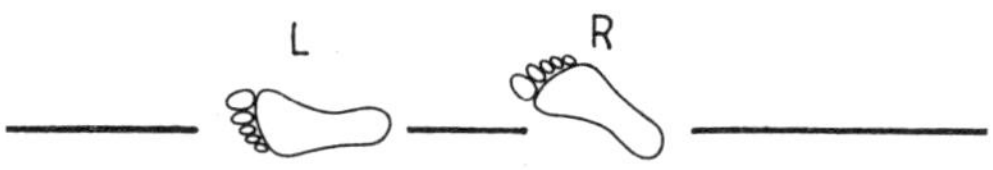

2

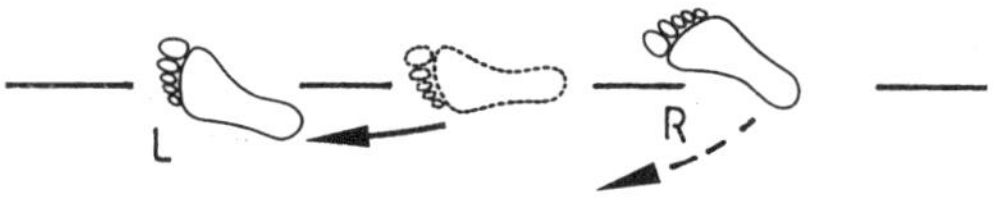

3

Tai sabaki

Tai sabaki unterscheidet sich von Tenkan dadurch, daß man zunächst einen Schritt nach vorn macht.

1

2

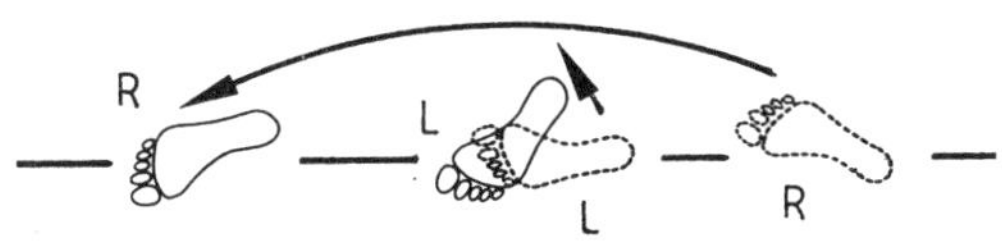

3

4

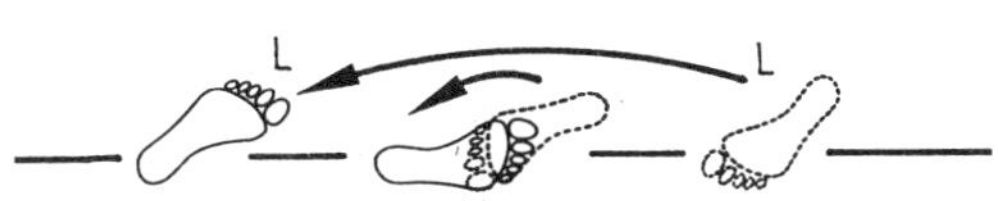

Tenkan ho

Tenkan ho ist die Anwendung des Tenkan-Prinzips mit einem Partner.

Bei allen folgenden Bewegungsabläufen bezeichnet «Tori» denjenigen, der die Bewegung ausführt, «Uke» den Angreifer.

1

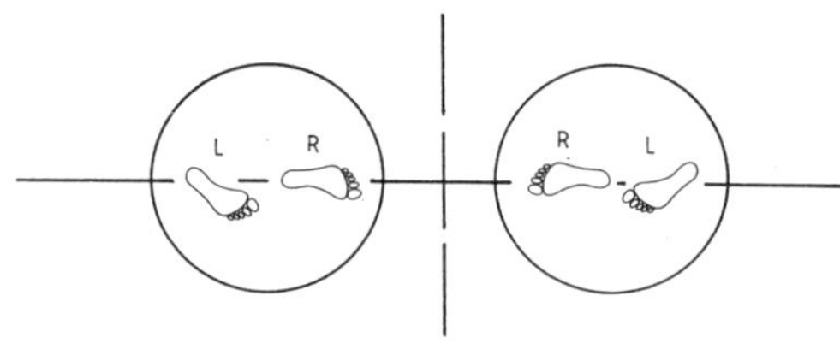

Abb. 1: Uke faßt mit der rechten Hand das linke Handgelenk von Tori.

2

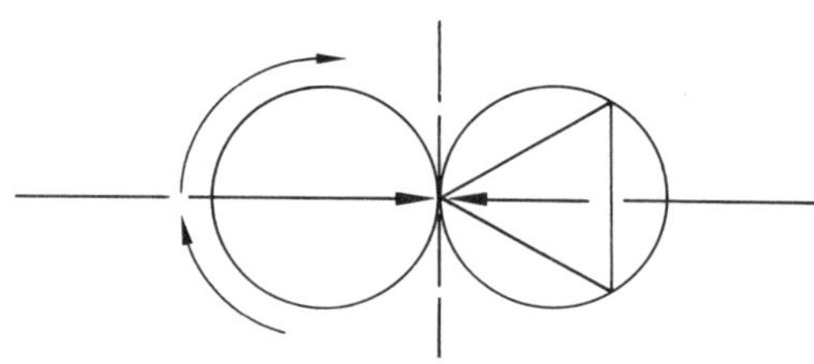

Abb. 2: Tori bringt den linken Fuß vor den rechten von Uke,

3

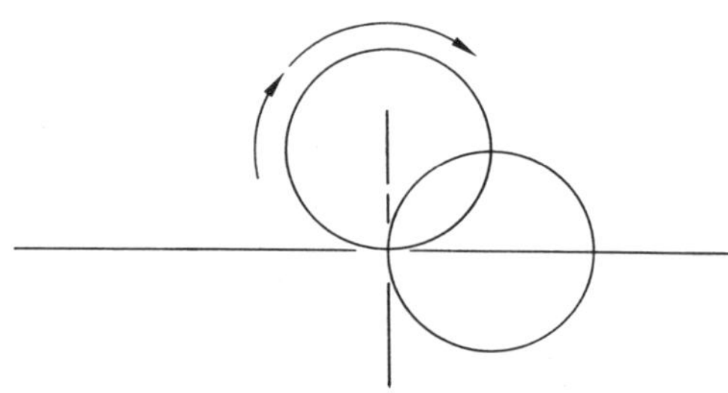

Abb. 3: . . . während er den Körper mit einer Halbkreis-Bewegung des rechten Fußes um 180° verlagert.

4

5

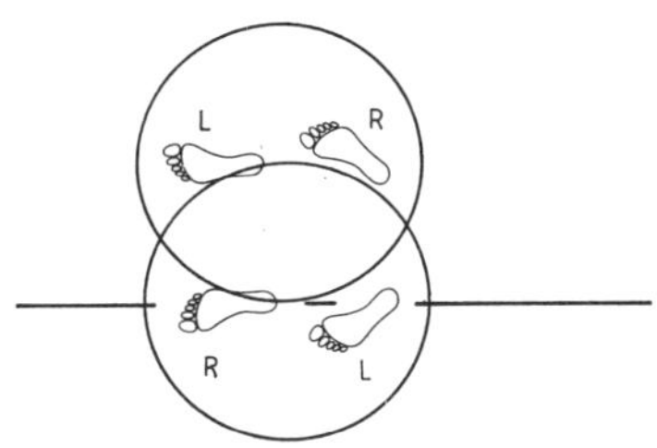

Abb. 5: Hier wird ersichtlich, daß sich die Mitte beider Partner parallel zueinander befindet.

6

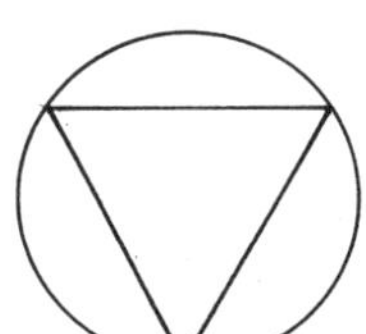

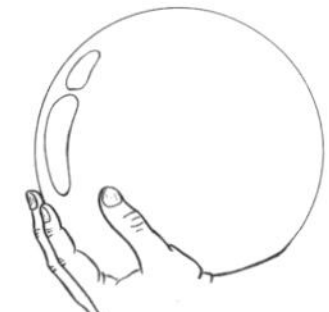

Abb. 6: Frontansicht. Uke schützt sein Gesicht gegen Atemi (Schlagtechnik. s. S. 98 u. 179, Abb. 1).
Beide Partner achten auf zentrierte, stabile Haltung.

Fallschule

Ushiro ukemi (Rückwärtsrollen)

Die Abbildungen zeigen eine Rückwärtsrolle auf der linken Seite (Ausgangsstellung: linker Fuß vorn).

1

Entspannen, den Körper senken, den Kopf nach innen rechts einziehen.

Abb. 1: Das linke Bein gibt nach, der Rükken nimmt die Form eines Bogens an.

2

Abb. 2: Während des Rollens werden die Beine eingezogen.

3

Abb. 4: Beim Aufstehen benutzt man beide Hände zum Abstützen.

4

Abb. 5: Auf gerade Haltung achten.

5

Mae ukemi (Vorwärtsfallen)

1

Abb.1: Gleiche Haltung wie bei Ushiro ukemi.

2

Abb. 2 und 3: Das Körpergewicht nach vorne verlagern, linkes Bein beugen, die Hüfte senken.

3

4

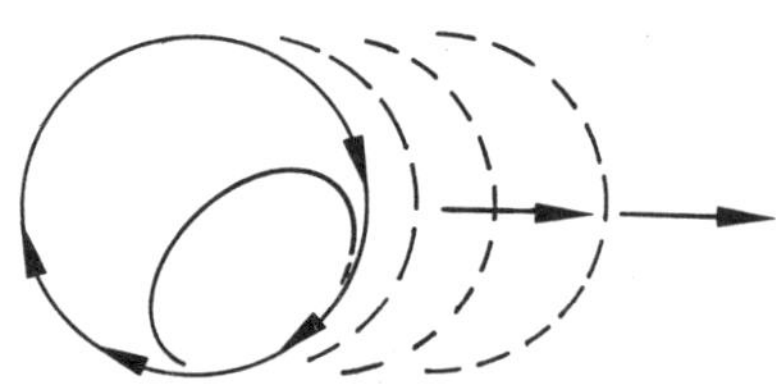

Abb. 4: Beide Arme bilden einen Bogen.

5

6

Abb. 5 und 6: Der Körper gleicht während des Rollens einer Kugel.
Das Ki muß ständig durch die Vorderarme fließen. Wichtig ist dabei, die Ellenbogen nicht zu knicken. Um dies zu ermöglichen, müssen sie entspannt bleiben.

7

Abb. 7: Beim Hochkommen die Hüfte nach vorne schieben, dann vertikal aufstehen.

8

Abb. 8: Auf gerade Haltung achten.

Yoko ukemi (Seitwärtsfallen)

1

Abb. 1: Gleiche Anfangsposition wie bei Ushiro ukemi.
Körper entspannen und senken, Knie leicht beugen.

2

Abb. 2: Während links das Knie beugt, schwingt der rechte Fuß nach vorne.

3

Abb. 3. und 4: Um das Fallen zu dämpfen, schlägt man mit dem rechten Arm ab.

4

Technik und Ausführung

Ueshiba 1936, im Alter von 53 Jahren

Wie schon erwähnt, verfeinerte Ueshiba im Laufe seiner 40jährigen Lehrtätigkeit seine einzigartige Kunst; deshalb erfuhr Aikido vielfältige Veränderungen. Als Ueshiba sein erstes Dojo in Ayabe gründete, nannte er seine Kunst Daito Ryo Aiki Jutsu. Später, im Wakamatsu Dojo in Tokyo, nannte er sie Kobukan Aiki-Budo, dann Ueshiba Ryu Jujutsu, Tenshin Aiki-Budo und, seit 1942, Aikido.

Das Aiki-Budo zwischen 1932 und 1942 war charakterisiert durch strenge und praxisbetonte direkte Bewegungen. Zu dieser Zeit war zum Beispiel Irimi nage ein schneller Schritt nach vorn aus der Angriffslinie mit einer sofortigen Gegentechnik. Schwerpunkt im Training waren Atemi (Stoßtechniken), Wurftechniken und Haltetechniken. Es wurde außerdem Speer-, Bayonett- und Schwertkampf geübt.

Später wurden die Bewegungen Ueshibas zunehmend runder und indirekter. Diese Form der Bewegung spiegelt seine geistige Entwicklung wider, wobei die Aikido-Bewegungen in zunehmendem Maße nicht auf die Überwältigung des Gegners, sondern auf die Umgehung seines Angriffs ausging. Sein Irimi nage hatte sich jetzt in eine kreisförmige, weiche Bewegung verwandelt. Wie schon in der Einleitung erwähnt, beeinflußte dieser Faktor die verschiedenartigen Aikido-Stilrichtungen ehemaliger Schüler, die früher und heute Aikido in und außerhalb Japans unterrichten. Manche blieben bei den «alten» Techniken und üben heute eine eigene Form des Aikido, wie zum Beispiel Shioda oder Mochizuki.

Die Übung des Aikido

Die einfachste Übungsform besteht aus dem Rollenwechsel zweier Übender, Uke als Angreifer und Nage oder Tori als Bewegungsausführender. Uke folgt der Bewegung des Partners um den korrekten Bewegungsablauf zu erlernen. Darauf aufbauend wird die Technik so ausgeführt, daß der Uke (Angreifer) hart zufaßt oder zuschlägt. Hierfür ist das Beherrschen der Falltechnik unentbehrlich.

Im Aikido wird auf Wettkampf verzichtet. Grund dafür ist, daß Wettkämpfe die ernsthafte Gefahr von Verletzungen mit sich bringen. Durch Erlernen der richtigen Distanz (*Ma–ai*), die man als Uke oder Nage während der Ausführung der Techniken bewahren muß, sowie das Training von Ausweichbewegungen, Schnelligkeit und Ausdauer kann man ohne Wettkampf das Ziel erreichen, Aikido als wirksame Selbstverteidigung einzusetzen.

Meiner Meinung nach hat jeder normale Mensch eine natürliche Hemmschwelle und eine gewisse Angst, sich selbst und den Partner zu verletzen. Deshalb ist es nicht möglich, durch Wettkampf den Ernstfall auch nur annähernd zu simulieren, da es in einem wirklichen Kampf keine Regeln gibt.

«Weder die Auseinandersetzung mit der Technik, noch das Gewinnen oder Verlieren sind wahres Budo (Kampfkunst). Wahres Budo kennt kein Besiegen. Niemals besiegt werden bedeutet niemals kämpfen. Siegen bedeutet, die Uneinigkeit des eigenen Geistes zu überwinden. Es bedeutet, die Aufgabe zu erfüllen, der du dich hingegeben hast.

Das ist nicht bloße Theorie; handle danach, dann wirst du die gewaltige Kraft spüren, eins zu sein mit der Natur.» (Aus den Schriften von Morihei Ueshiba)

Die Aikido-Grundtechniken

In diesem Buch habe ich die Grundtechniken in drei Hauptgruppen aufgeteilt:

1) Haltetechniken, die durch Immobilisation des Gegners beendet werden (Osae waza).
2) Wurf- und Haltetechniken, die sowohl mit einem Wurf als auch mit einer Immobilisation beendet werden können.
3) Wurftechniken (Nage waza).

1) Haltetechniken (Osae waza)	2) Wurf- und Haltetechniken	3) Wurftechniken (Nage waza)
IKKYO	SHIHO NAGE	IRIMI NAGE
NIKYO	KOTE GAESHI	KOSHI NAGE
SANKYO		TENCHI NAGE
YONKYO		KAITEN NAGE
GOKYO		KOKYU NAGE

Die Grundtechniken können in drei verschiedenen Arten ausgeführt werden:

TACHI WAZA	Beide Übenden stehen.
HANMI HANTACHI	Der Angreifer steht, der Ausführende sitzt.
SUWARI WAZA	Beide Übende sitzen.

Aus den hier aufgeführten Grundtechniken können unzählige Variationen (Henka waza), je nach Gelegenheit und Art des Angriffs, entstehen.

Weitere fortgeschrittene Formen der Übung:

KAESHI WAZA	(Gegentechniken)
ATEMI WAZA	(Stoßtechniken)
TANINZU DORI	(Techniken gegen mehrere Gegner)

AIKIKEN (Schwerttechniken) und AIKIJO (Stocktechniken) sind sowohl Basisarbeit als auch Techniken für Fortgeschrittene und werden in diesem Buch gesondert behandelt.

Hat man eine gewisse Sicherheit in den Bewegungen erreicht und die Zusammenhänge aller Grundtechniken verstanden, so kann man auch mit mehr als einem Partner üben (wie zum Beispiel in Taninzu dori).
Folgende Tafel bietet einen Überblick über die Übungsmöglichkeiten mit einem oder mehreren Partnern; dabei kann der Nage (Tori) seine Technik festlegen oder frei auswählen.

A) Frontalangriff	(1 Partner)	Festgelegte Angriffstechnik
B) Frontalangriff	(2 Partner)	Festgelegte Angriffstechnik
C) Frontalangriff	(1 Partner)	Freie Angriffstechnik
D) Frontalangriff	(2 Partner)	Freie Angriffstechnik
E) Angriff von allen Seiten	(mehrere Gegner) (Taninzu Dori)	Festgelegte Angriffstechnik
F) Angriff von allen Seiten	(mehrere Gegner) (Taninzu Dori)	Freie Angriffstechnik

Atemi waza

Diese Technik wird hauptsächlich verwendet, um einem Schlag des Gegners zuvorzukommen, beziehungsweise um die freie Hand oder den Fuß des Gegners aufzuhalten.

Kaeshi waza

Kaeshi waza ist typisch für die Flexibilität der Aikido-Bewegungen. Diese Form der Übung bietet die Möglichkeit ständig zu kontrollieren, ob man als Nage oder Uke die richtige Position und den richtigen Abstand hat. Hier ein Beispiel zur Erklärung:
Nehmen wir die Technik Shiho nage omote (s. Seite 158). Während Nage die Bewegung ausführt, hat Uke wie in Abb. 3 die Möglichkeit, den Fluß des Ki von Nage durch seinen rechten Arm zu lenken und durch Irimi-Eingang mit Ryote mochi kokyu-ho den Nage (Tori) zu werfen.
Irrtümlich wird Kaeshi waza oft als Übungsform zum Vergleich des Könnens aufgefaßt. In Wirklichkeit ist es nur ein Mittel, um die Energie in einer endlosen Fortführung von Gegentechniken auszutauschen.* Es ist die universelle Wahrheit des «Moto perpetuo», wobei alles sich bewegt, selbst das, was unsere Augen als Stillstand betrachten.

* Vergl. «klebende Hände», eine Übung des T'ai-chi Chuan.

Ki no nagare (Das Ki fließen lassen)

Diese Übungsform ist durch freie, fließende Bewegungen charakterisiert. Man sollte sie aber erst üben, wenn man sich eine solide Grundtechnik angeeignet hat.
Viele ungeduldige Schüler (und Lehrer) vernachlässigen häufig diese Grundlagen und fangen gleich an, mit fließenden Bewegungen zu üben, die zwar rein äußerlich gut ausschauen, sich aber im Fall einer praktischen Anwendung nicht als wirksam erweisen. Da im Aikido kein Wettkampf stattfindet, tendiert mancher zur Selbstüberschätzung, ja sogar dadurch zur Überheblichkeit, was seine geistige und technische Entwicklung schwer beeinträchtigt – eine Illusion, die nicht selten bei Aikido-Übenden anzutreffen ist.

Ki musubi

Dies bedeutet das eigene «Ki» mit dem «Ki» des Partners vereinigen.

Aiki

Ähnlich wie Ki musubi, aber mehr auf Harmonisierung und Timing mit der Angriffskraft eines Gegners bezogen. Es bedeutet, sich auf dem richtigen Platz zu befinden, während die gegnerische Kraft sich ihrem Ziel nähert.

Die Freude am Üben und ein gutes Verhältnis zum Übungspartner sind die wichtigsten Elemente des Aikidotrainings.

Hauptangriffsformen

Hier werden die wichtigsten Angriffsformen auf Grundlage der Fußstellung in zwei Grundgruppen, Ai hanmi und Gyaku hanmi aufgeteilt.

Ai hanmi werden die verwandten Angriffsformen Shomen uchi, Mune tori, Chudan tsuki und Jodan tsuki zugeordnet, Gyaku hanmi werden Yokomen uchi und Kata tori, ferner Ryote tori, Ryo hiji tori, Ryo kata tori zugeordnet.

Katate tori ryote mochi ist eine Kombination aus Gyaku-hanmi-Fußstellung und Ai-hanmi-Handstellung, während die Ushiro-Formen in ihrer Anfangsphase den Ai-hanmi-Formen zuzuteilen sind.

Kata tori men uchi steht als Beispiel für viele Angriffsmöglichkeiten, die mit Atemi waza (Stoßtechniken) kombiniert werden.

Auf den folgenden Seiten werden diese Angriffsformen statisch dargestellt. Die fortlaufende Numerierung richtet sich nach dem Schwierigkeitsgrad der Ausführung einer Technik, die bei der jeweiligen Angriffsform angewendet wird.

Ai hanmi katate tori – Fassen des Handgelenks, rechts-rechts, links-links
Shomen uchi – Schlag mit der Handkante von oben gegen den Kopf
Mune tori – Fassen der Kleidung in Brusthöhe mit einer Hand
Chudan tsuki – Stoß mit der Faust gegen den Bauch
Jodan tsuki – Stoß mit der Faust gegen das Gesicht

Kata tori men uchi – Seitliches Greifen einer Schulter von vorn, gleichzeitig schlagen gegen die Stirn.

Gyaku hanmi katate tori – Fassen des Handgelenks, recht-links, links-rechts
Yokomen uchi – Schlag mit der Handkante gegen die Seite des Kopfes
Kata tori – Seitliches Greifen einer Schulter aus der Gyaku-Hanmi-Ausgangsstellung
Katate tori ryote mochi – Mit beiden Händen ein Handgelenk umfassen
Ryote tori – Fassen beider Handgelenke von vorn
Ryo hiji tori – Fassen beider Ellenbogen von vorn
Ryo kata tori – Fassen beider Schultern von vorn

Ushiro tekubi tori – Fassen beider Handgelenke von hinten
Ushiro hiji tori – Fassen beider Ellenbogen von hinten
Ushiro kata tori – Fassen beider Schultern von hinten
Ushiro kubi shime katate tori – Mit einer Hand würgen, mit der anderen von hinten das Handgelenk fassen

Ushiro katate eri tori – Fassen des Kragens von hinten

Ai hanmi katate tori

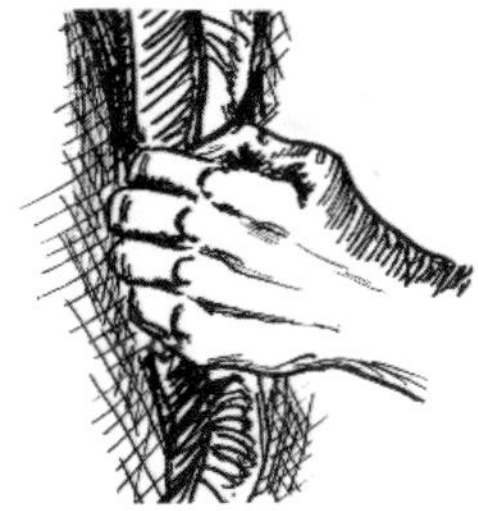

Abb. 1: **Mune tori**

Abb. 2: **Shomen uchi**

Abb. 3: **Chudan tsuki**

Abb. 4: **Jodan tsuki**

Gyaku hanmi katate tori

Abb. 1: **Yokomen uchi**

Abb. 2: **Kata tori**

Abb. 3: **Katate tori ryote mochi**

Abb. 4: **Kata tori men uchi**

Alle unten abgebildeten Angriffsformen werden in der Gyaku-hanmi-Ausgangsstellung ausgeführt. Ungünstiger für den Uke, aber ebenfalls möglich, ist ein Angriff, der zu einer Ai-hanmi-Ausgangsstellung führt.

Abb. 1: **Ryote tori**

Abb. 2: **Ryo hiji tori**

Abb. 3: **Ryo kata tori**

Abb. 4: **Ushiro katate tori**

Abb. 5: **Ushiro hiji tori**

Abb. 6: **Ushiro kata tori**

Abb. 7: **Ushiro kubi shime katate tori**

Abb. 8: **Ushiro katate eri tori**

7

8

Haltetechniken (Osae waza)

Die Aikido-Haltetechniken sind nicht gedacht, um dem Partner Schmerzen zuzufügen, obwohl sie für den Anfänger vielleicht unangenehm oder gar schmerzhaft sind. Sie sind ausgezeichnete Dehnungsübungen, die den Blutkreislauf fördern, die Gelenke stärken und den Körper straff und geschmeidig halten. Weiterhin werden durch die verschiedenen Hebel wichtige Tsubas (Akupressur-Punkte) aktiviert.
Hier zwei Beispiele:

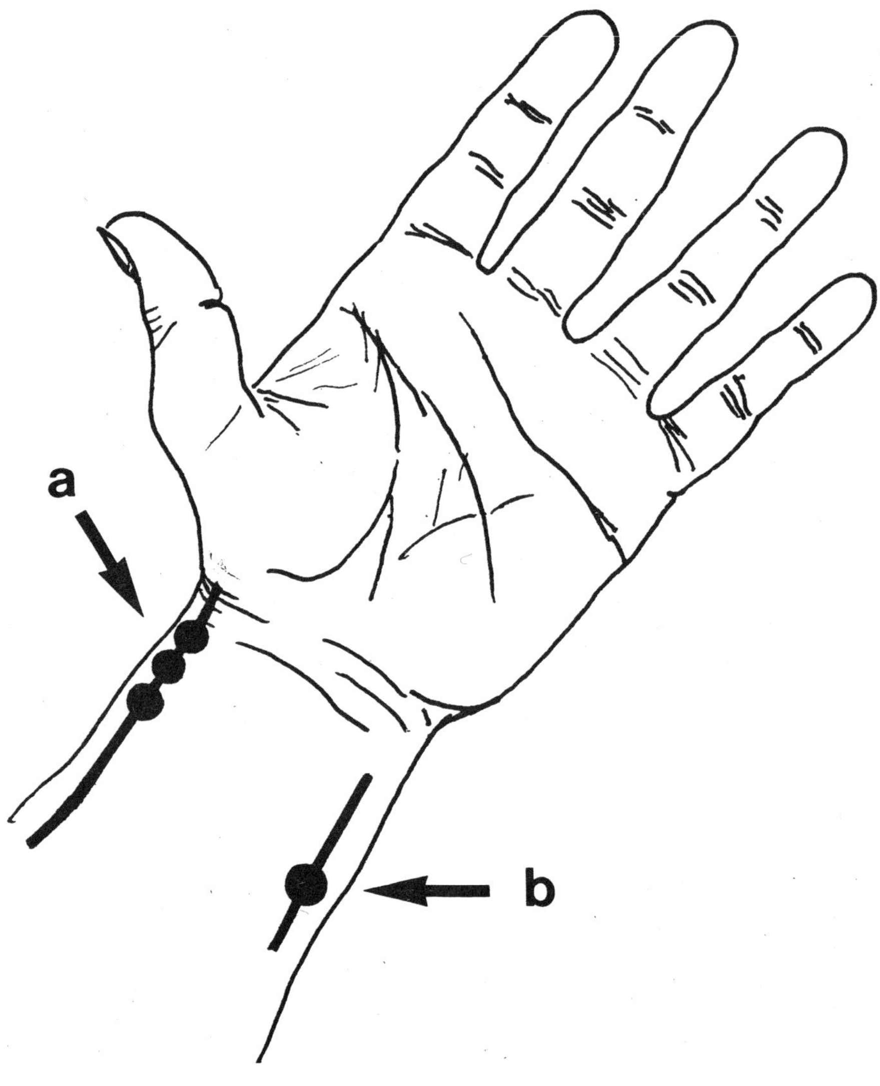

YIN-MERIDIANLINIE:

a) Retsu Ketsu – Lungenmeridian, gegen gewöhnliche Erkältung, Kopfweh und Fazialis-Lähmung (s. Nikyo).

b) Tai En – Herzkreislauf, gegen mühsame Atmung, Husten und Rachenkatarrh (s. Yonkyo)

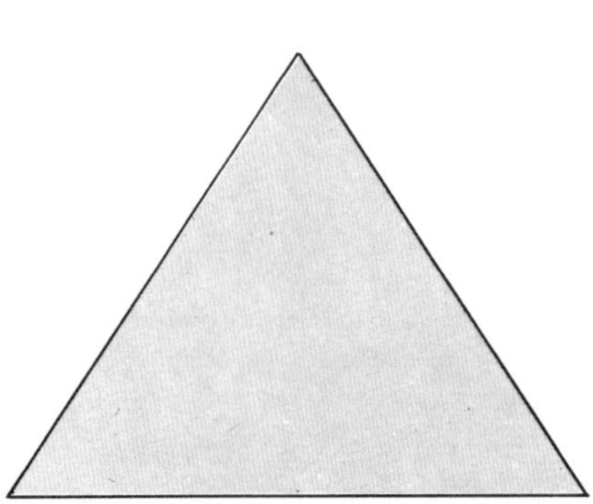

IKKYO

Ai hanmi ikkyo omote

Bei der Ausführung aller hier abgebildeten Techniken sollte man immer darauf achten, eine möglichst gerade Haltung zu bewahren. Während des Bewegungsablaufs die Schultern entspannen und auf die Atmung achten.

1

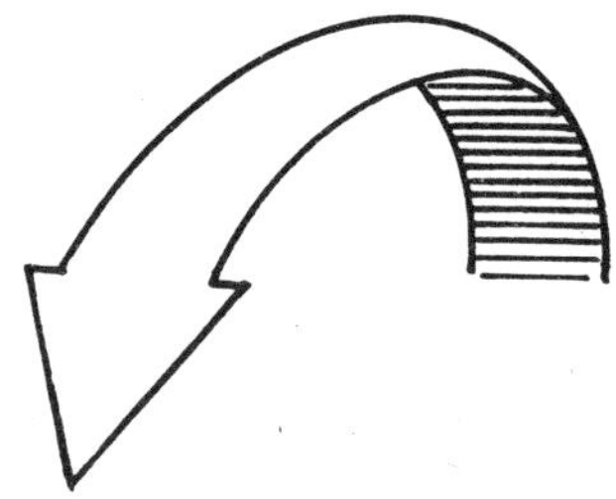

2

Abb. 1 bis 3: Der Arm, der gegen den Ellenbogen des Partners gerichtet ist, darf weder durchgedrückt noch geknickt werden.
Man dreht die Hüfte nach links, während der Mittelpunkt sich etwas nach unten verlagert.

3

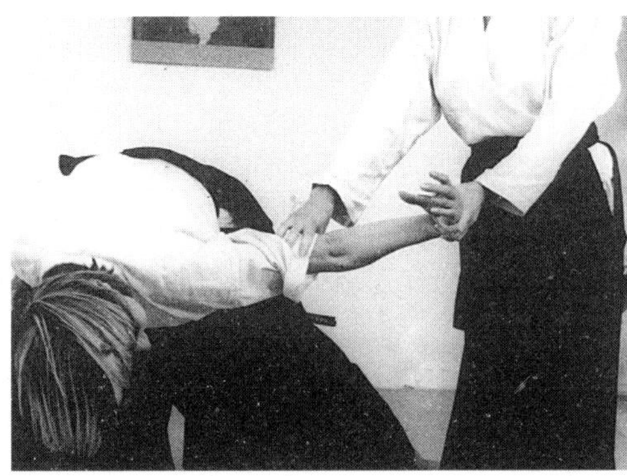

3a

Bodenhebel: siehe Details auf Seite 123, bzw. Abb. 6a auf Seite 117.

Abb. 6 bis 7: Die Handfläche verlagert sich von oberhalb des Gelenkes des Partners zu seinem Handrücken und umschließt ihn. Man achtet dabei auf guten Kontakt der Handfläche.
Beim Sitzen stützt man die Zehen auf.

7

Abb. 5: Mit dem linken Bein macht man einen Schritt nach links, während man das rechte Knie zur Achsel des Partners führt. Dabei wird der Partner aus dem Gleichgewicht gebracht und nach unten geführt.

Abb. 4: Mit dem rechten Bein einen Schritt schräg nach rechts machen.

6

4

5

Ai hanmi ikkyo ura

Diese Bewegung nimmt die Form einer zur Erde führenden Spirale an – wie das Fallen des Samens eines Ahornbaumes.

1

Abb. 1: Während man die rechte Hand nach oben führt, bringt man die linke zum Ellenbogen des Partners.

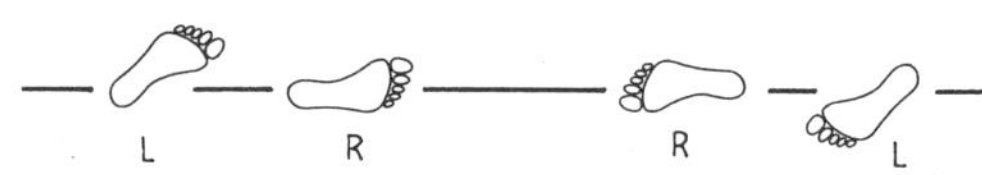

2

Abb. 2: Gleichzeitig schreitet der hintere Fuß vor den vorderen Fuß des Partners.

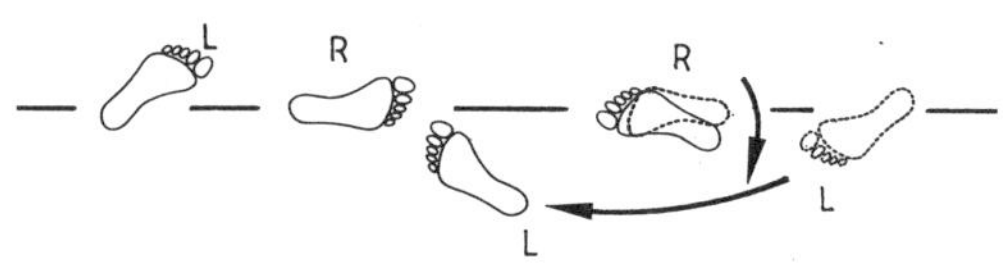

3

Abb. 3: Danach Tenkan ausführen. Während dieser Bewegung wird der rechte Arm des Partners nach unten geführt.

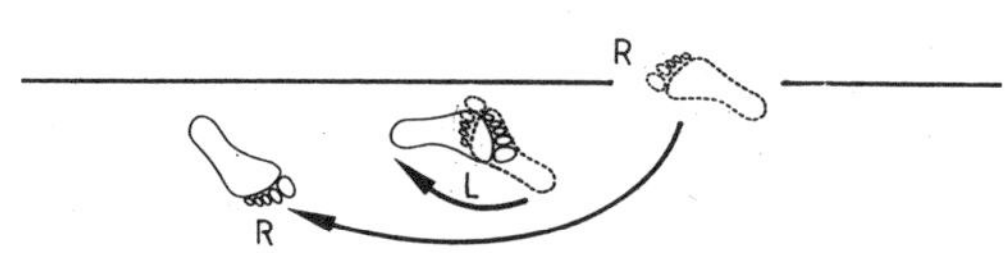

4

Abb. 4: Die Hüfte dreht um weiter 180° (Henka).

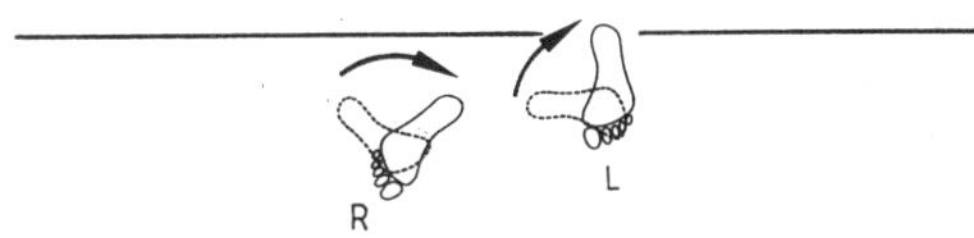

5

Während der Bewegung sollte man darauf achten, daß Hüfte und Hände sich gleichzeitig bewegen, sonst kann der Partner die Bewegung blockieren.

7

Für die Boden-Haltetechnik gelten dieselben Hinweise wie bei Ikkyo omote.

Shomen uchi ikkyo omote

Hier gilt das gleiche wie für Ai hanmi ikkyo omote. Man muß allerdings beachten, daß der Arm des Nage nicht den Schlag pariert, sondern ihn «aufnimmt», indem er ihn rechtzeitig nach oben führt, bevor der Schlag seine ganze Wucht erreicht. Das Handgelenk des Uke wird nicht gegriffen, sondern mit der linken Hand nur kontrolliert, um seine Gegentechnik (Kaeshi waza) zu vermeiden. Gegriffen wird erst, wenn der Partner sich in der Position wie auf Abb. 3 befindet.

1

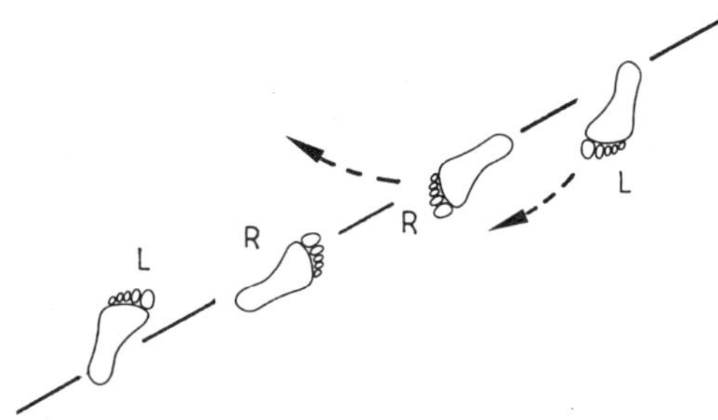

2

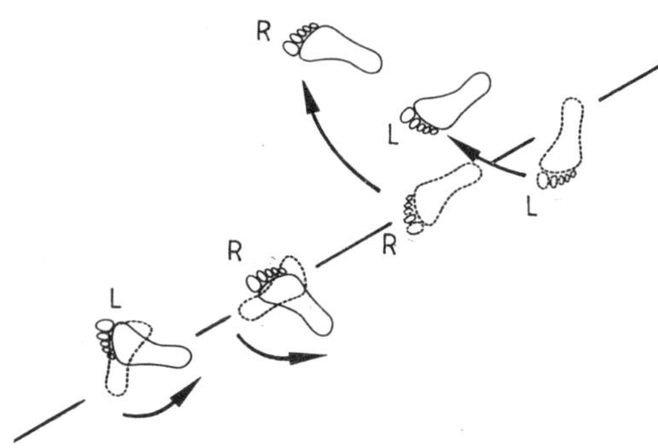

3

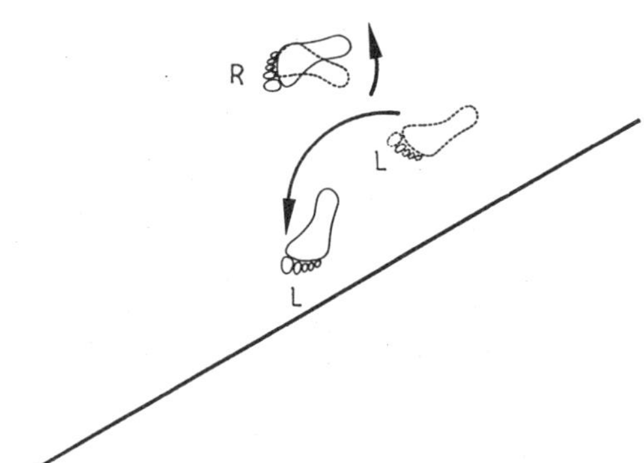

4

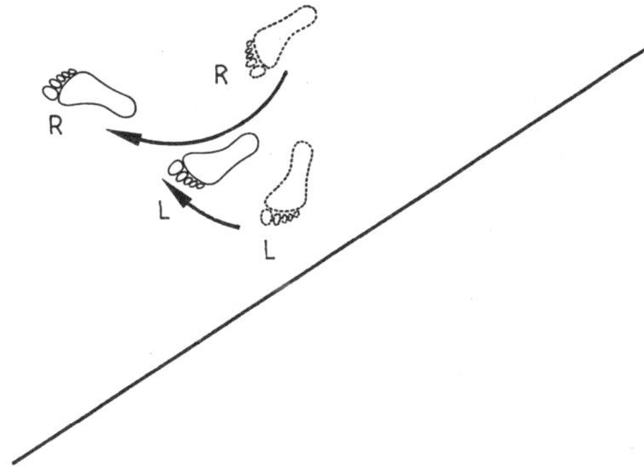

5

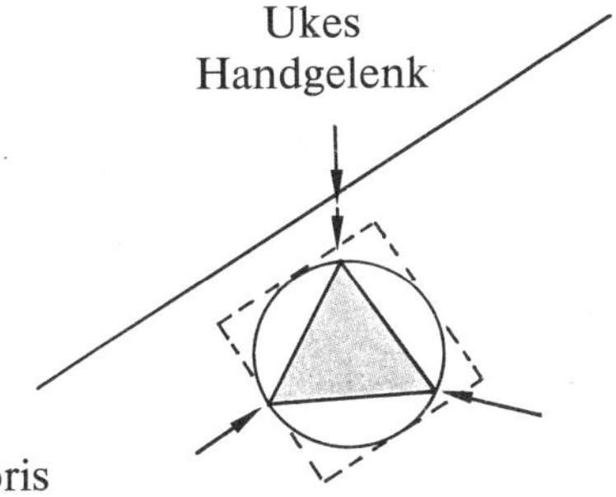

6

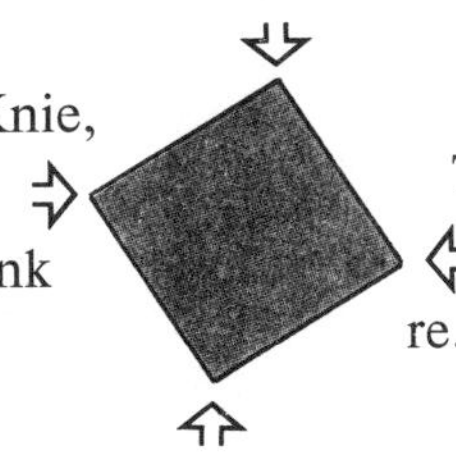

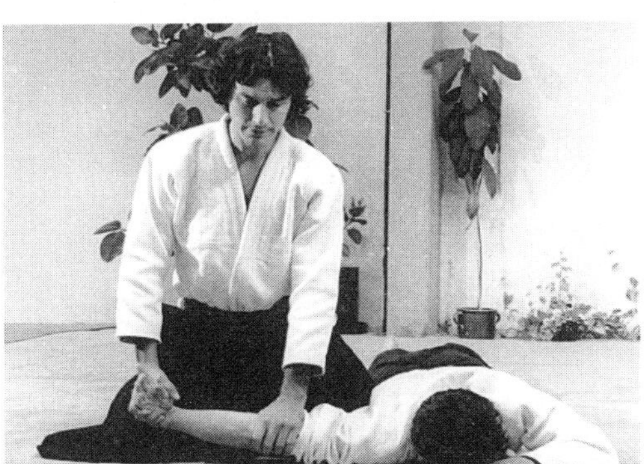

6a

Gleicher Bodenhebel wie bei den vorausgegangenen Bewegungen.

Shomen uchi ikkyo ura

(Erklärungen: siehe Ai hanmi ikkyo ura, S. 114)

1

2

3

4

5

6

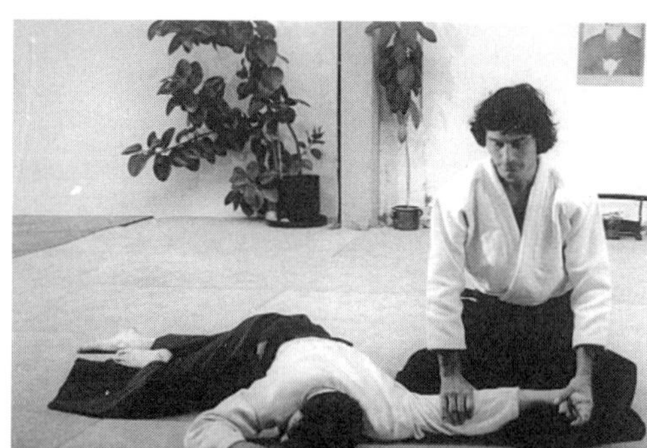

7

1

2

3

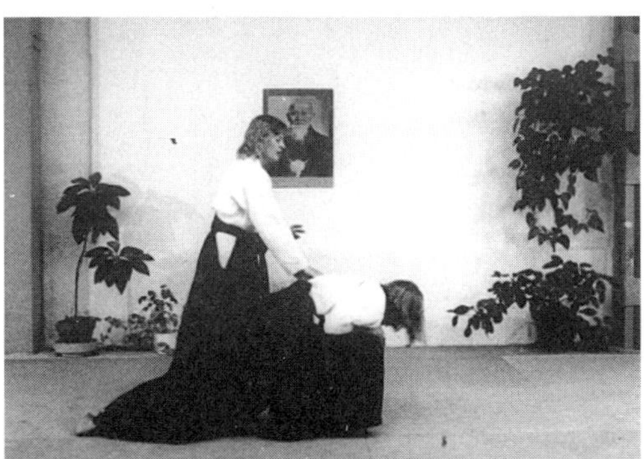

4

Gyaku hanmi ikkyo omote

Der Anfang dieser Bewegung ist, was die Fußbewegung angeht, mit Yokomen uchi ikkyo omote (folgende Seite) identisch. Diese Bewegung kann deshalb auch als Vorübung für die schwierigere Yokomen-uchi-Angriffsform genommen werden.

Abb. 1 und 2: Während Uke Nages rechtes Handgelenk umfaßt, geht der vordere Fuß im leichten Kreis nach hinten, wobei Hüfte und Arm folgen und so den Partner aus dem Gleichgewicht bringen. (Detail zu Abb. 2 beachten!)

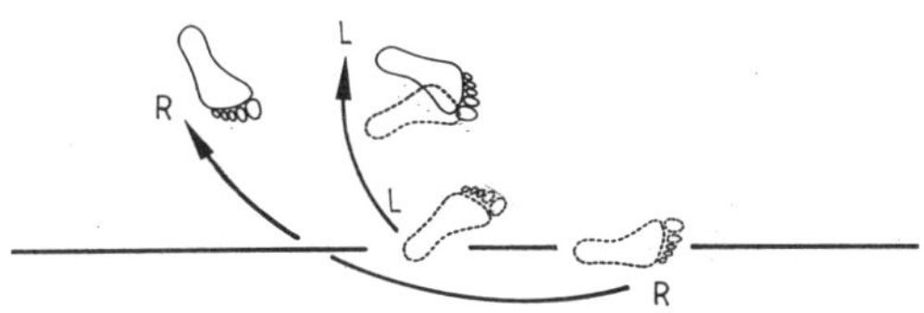

2a

Der Abschluß dieser und der nächsten Bewegung (Gyaku hanmi u. Yokomen uchi ikkyo omote) ist mit Ai hanmi ikkyo omote auf Seite 112 vergleichbar.

Yokomen uchi ikkyo omote

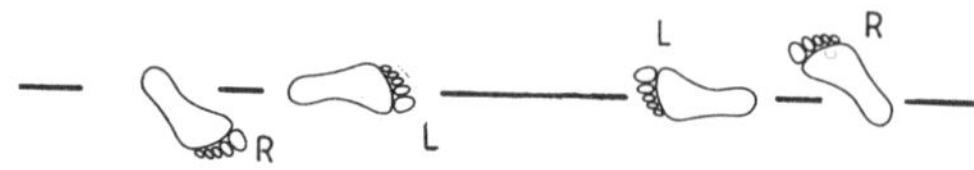

Abb. 1 und 2: Uke schlägt mit der rechten Hand zur linken Kopfseite.
Nage: Rechter Fuß leicht nach hinten rechts bringen.

1

2

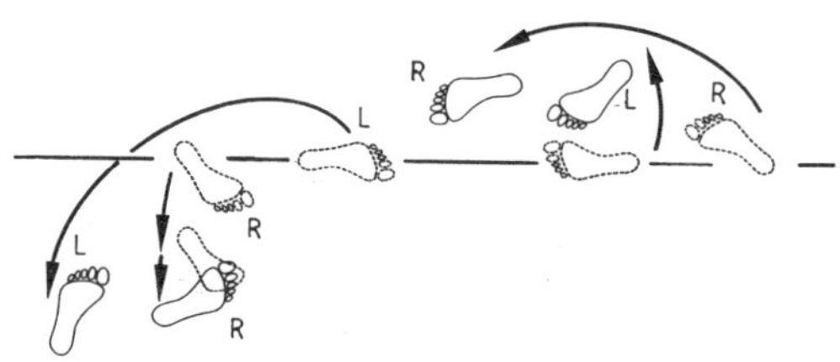

Abb. 2 bis 4: Ausholen wie bei Shomen Uchi und Schneiden, während sich der linke Fuß mit dem ganzen Körper um 270° dreht. Dadurch wird die Kraft des Gegners aufgefangen.

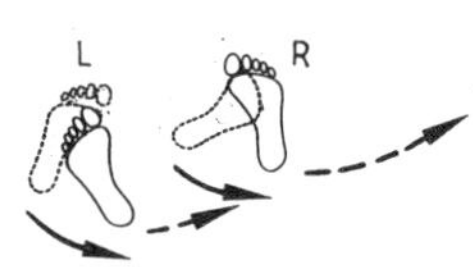

3

4

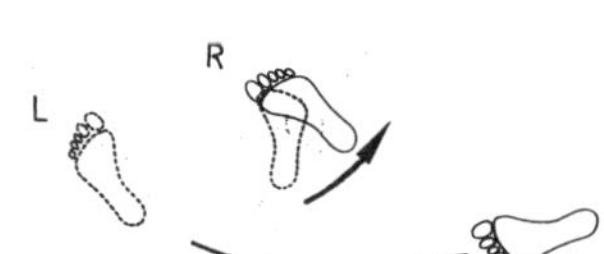

5

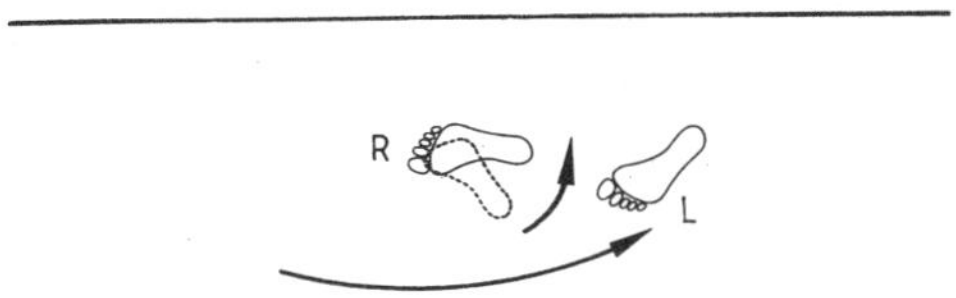

6

7

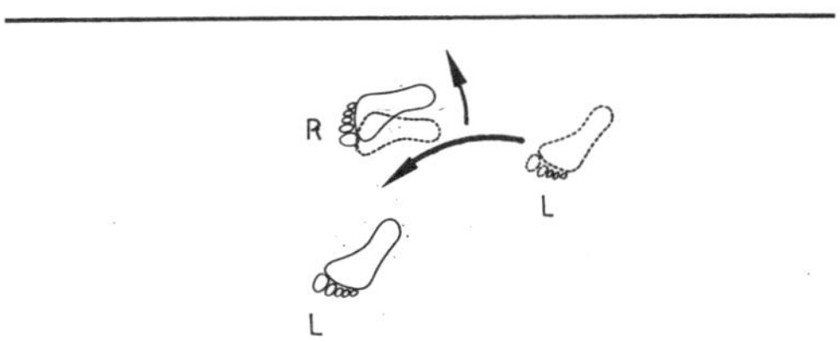

8

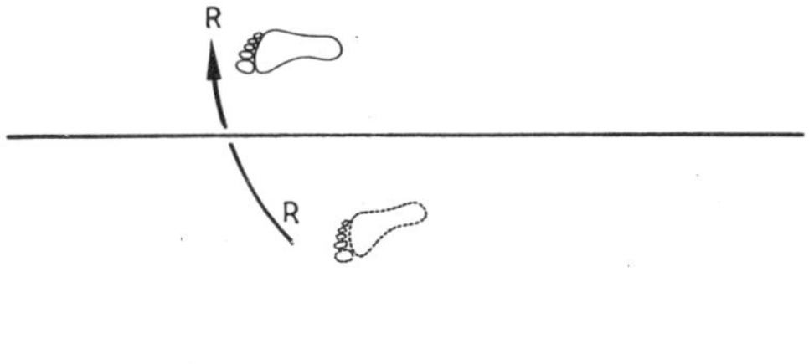

Yokomen uchi ikkyo ura (Direkter Eingang)

Den Fluß des Ki nach außen führen.

1

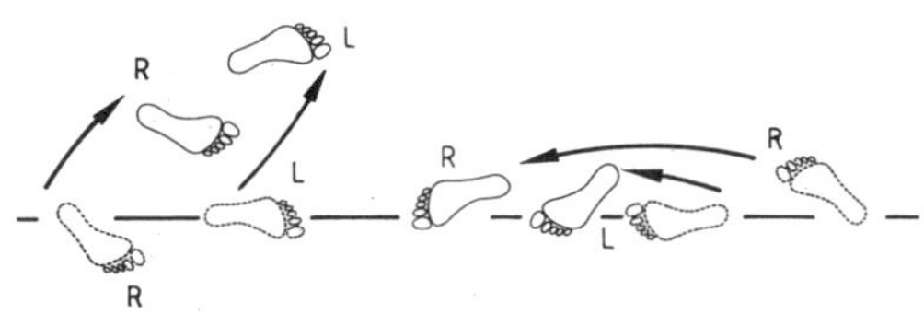

2

Den Arm in einer waagerechten Position halten. Details der Füße beachten. Auf keinen Fall direkt vor dem Partner stehen, um Mae Geri zu vermeiden. Bei der Ausführung dieselben Details wie bei der Omote-Form beachten.
Abschluß wie bei Ai hanmi ikkyo ura (S. 114, Abb. 3 bis 6).

3

3a: Der rechte Arm übernimmt den Arm von Uke **oberhalb** des eigenen linken Arms.

4

3a

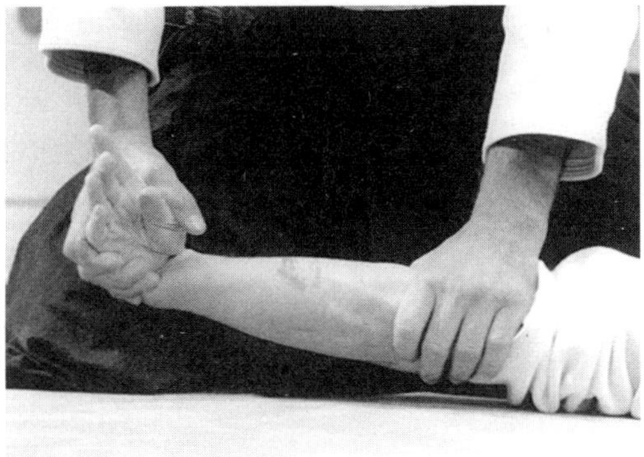

Detail Boden-Haltetechnik

Moribei Ueshiba: Ikkyo
(Anfangsphase)

1

Ushiro kata tori ikkyo omote

Abb. 1: Uke greift von vorne an.
Abb. 2: Nage kontrolliert seinen Arm.
Abb. 3 und 4: Um Nages Atemi zu vermeiden, faßt Uke zunächst die rechte Hand und dann die linke Schulter von hinten.

2

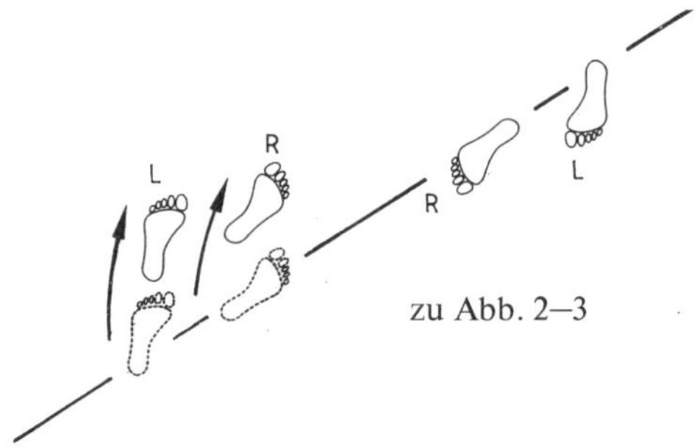

zu Abb. 2–3

3

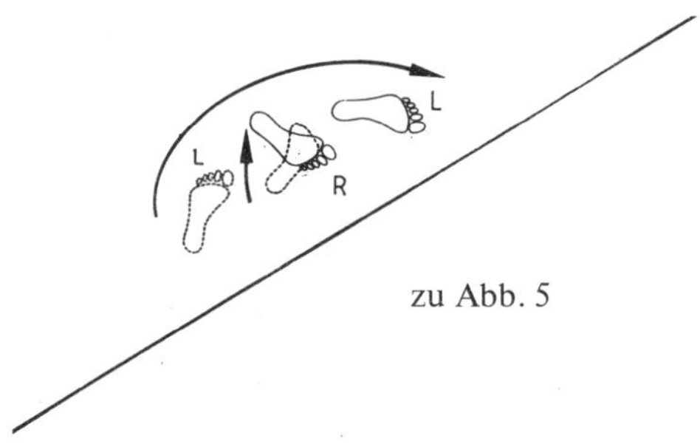

zu Abb. 5

4

5

Abb. 6 und 7: Den rechten Fuß nach rechts außen bringen.
Abb. 8: Den Kopf durch Ukes Arm führen, und den rechten Arm gleichzeitig mit den Schultern nach hinten öffnen. Dadurch können Ukes Hände Nages Oberkörper nicht mehr blockieren.
Bewegungsabschluß: siehe nächste Seite.

9a

9

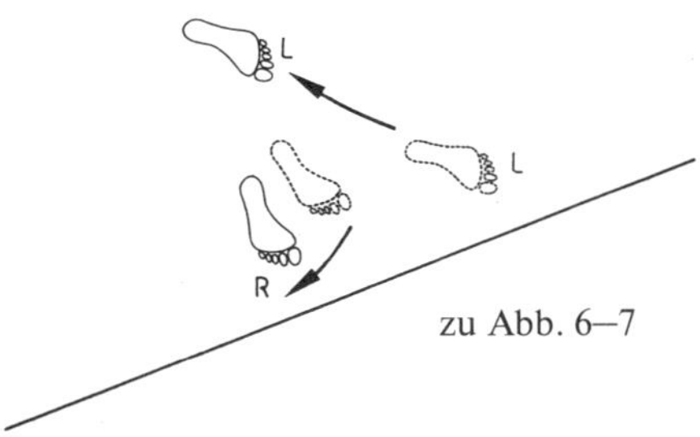

zu Abb. 6–7

8

6

7

10

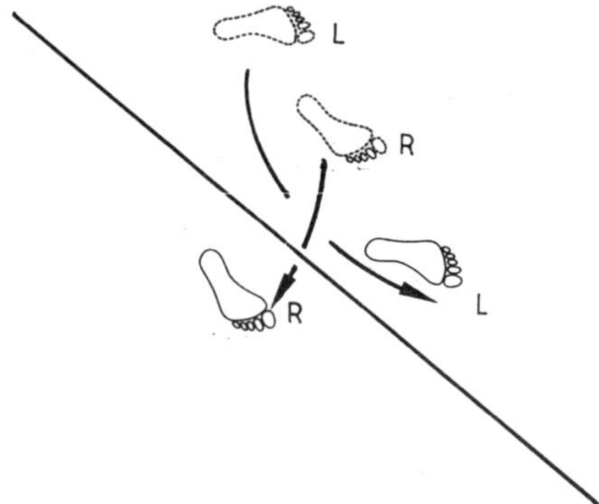

11

12

13

NIKYO

Shomen uchi nikyo omote

Bevor man anfängt, Nikyo zu üben, sollte man Ikkyo und seinen Bewegungsablauf geübt und verstanden haben.

Anfang wie bei Ikkyo omote.
Der Handkantenschlag ist auf Nages Kopf gerichtet. Gleichzeitig gleitet Nage schräg nach vorn zu Ukes linker Seite und kontrolliert mit beiden Händen dessen Ellenbogen und Handgelenk.
Danach gleitet der Daumen der rechten Hand nach unten, ohne den Kontakt mit Ukes Handgelenk zu verlieren.

1

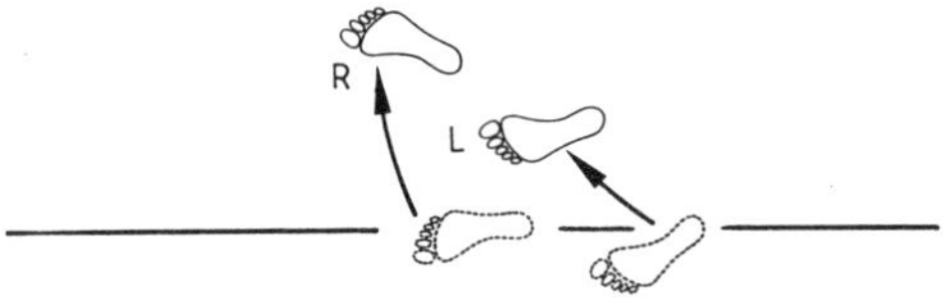

2

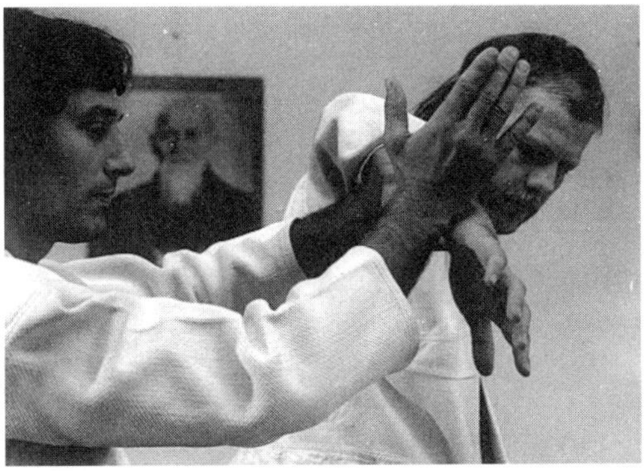

2a

3

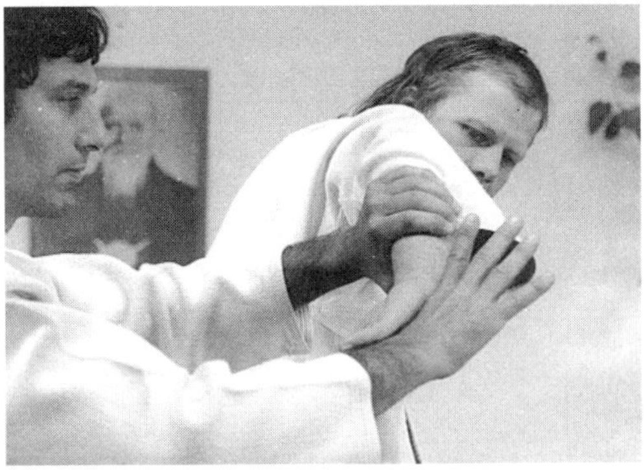

3a

4

4a

Aus Detail 4a ist ersichtlich, daß Nages Hand sich um 360° um das Handgelenk des Partners gedreht hat.

5

6

7

Bodenhaltetechnik: siehe nachfolgende Technik.

1

2

3

Shomen uchi nikyo ura

Die Abbildungen 1, 2 und 3 zeigen den Taisabaki-Eingang, wobei man darauf achten muß, daß Nages linker Fuß nicht weiter nach vorn gestellt wird als auf dem Fußdiagramm. Die Kontrolle von Ellenbogen und Handgelenk erfolgt wie bei der vorausgegangenen Bewegung beschrieben.

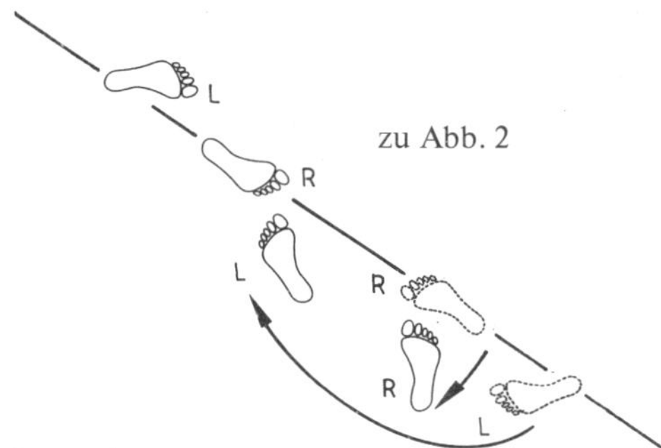

zu Abb. 2

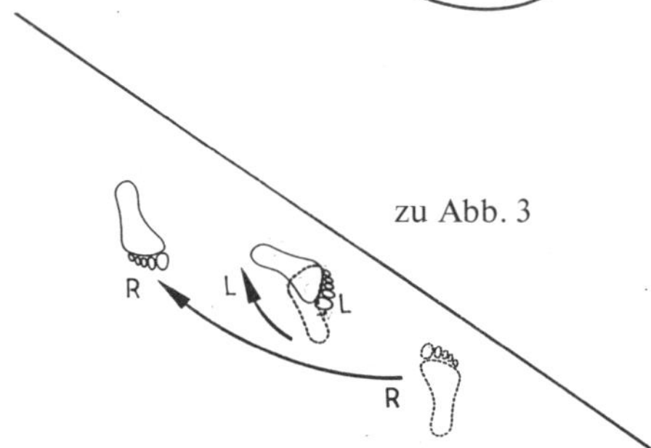

zu Abb. 3

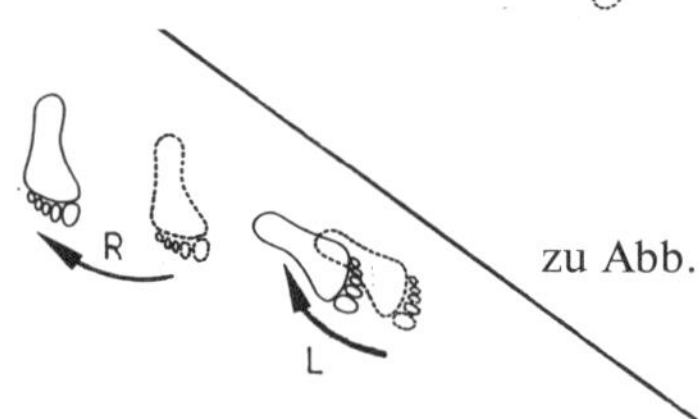

zu Abb. 4 bis 5

4

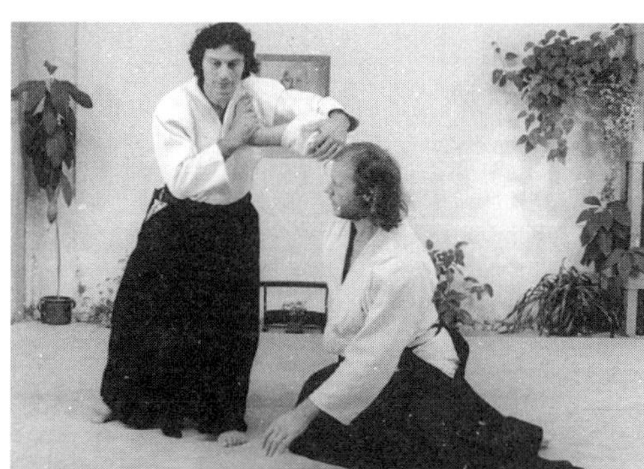

5

6

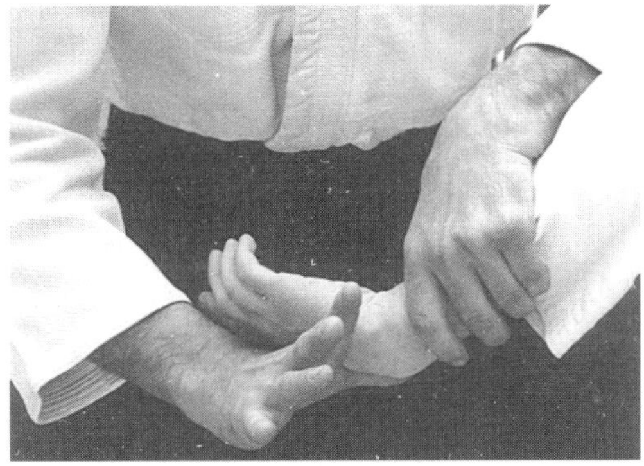
6a

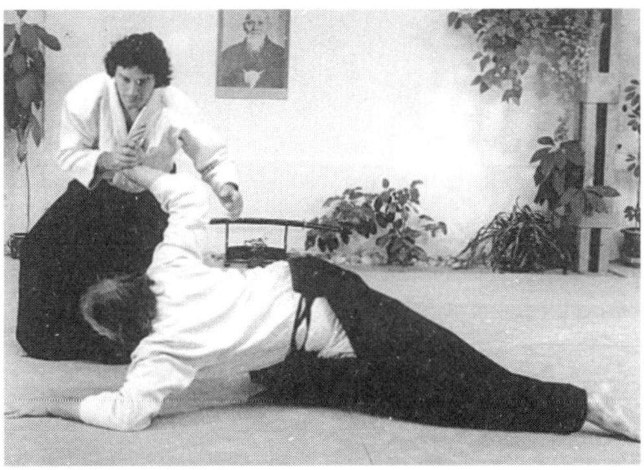
7

7a

Details 6a und 7a: Während man Ukes Handgelenk kontrolliert und den Hebel ausführt, den Kopf gerade halten, um Konterschläge des Gegners zu vermeiden. Die Hebelrichtung führt zur Mitte des Partners, die Schultern sind entspannt.

8

9

10

Kata tori nikyo

Abb. 1: Uke faßt Tori an der rechten Schulter.

1

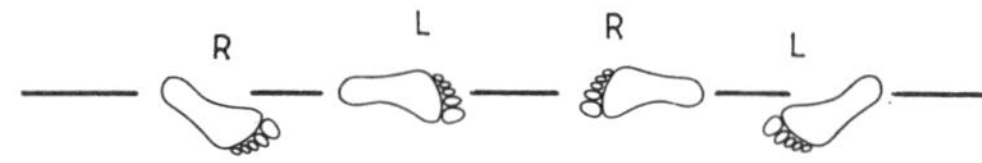

Abb. 2: Tori macht einen Schritt schräg nach vorne rechts, gleichzeitig deutet er Atemi an. Der rechte Arm wird nach außen gestreckt. Der hintere Fuß wird sofort nachgezogen.

2

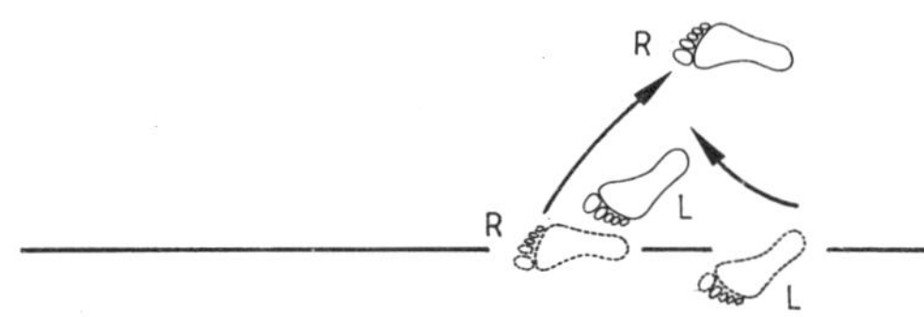

3

Abb. 4: Tori hält Ukes linke Hand an seiner rechten Schulter fest, und seine linke Hand umfaßt Ukes Handgelenk. Auf guten Kontakt achten. Es ist auch möglich, mit dem Ellenbogen Ukes Ellenbogen zu kontrollieren.

4

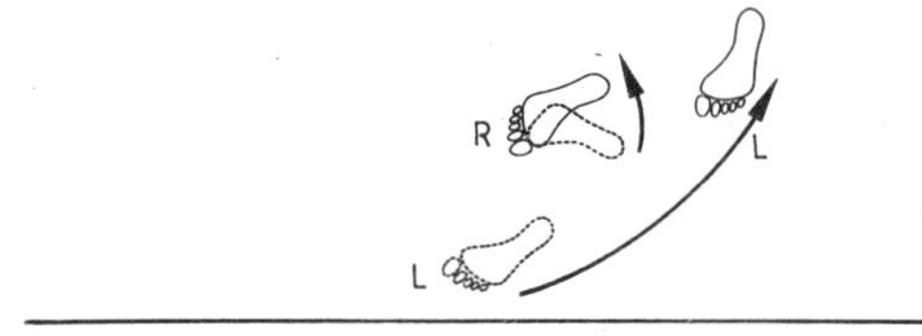

5

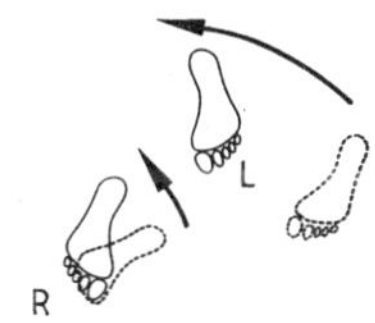

6

7

Bodenhebel wie auf Seite 131, gilt für alle Nikyo Formen. Siehe auch Details S. 134.

Details zu Kata tori nikyo

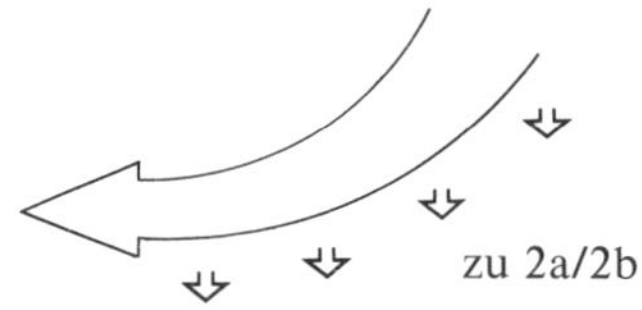

2a

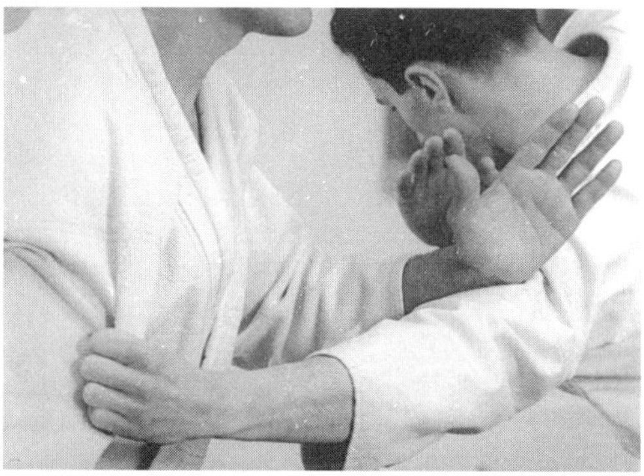

2b

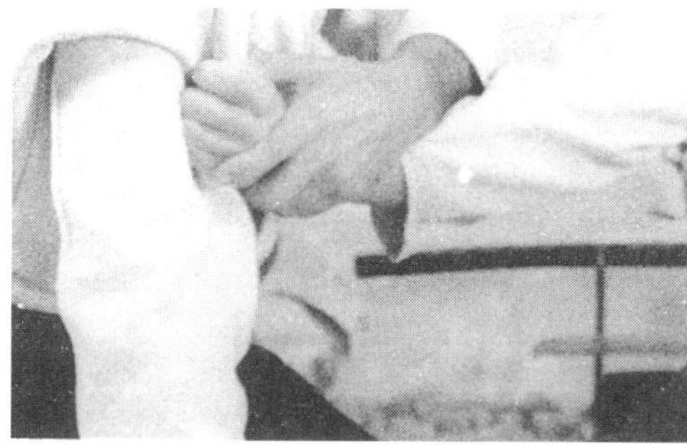

3a

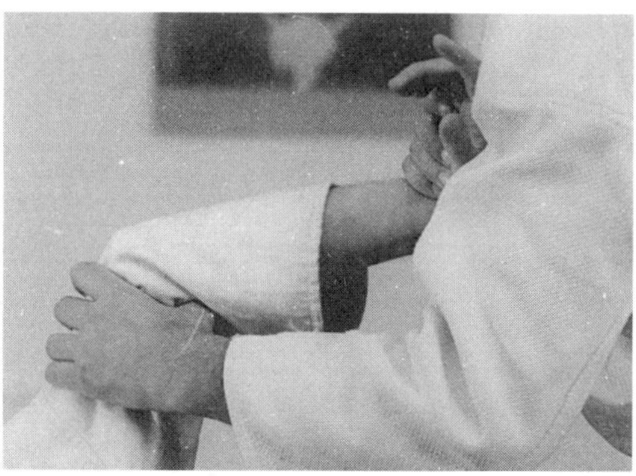

5a

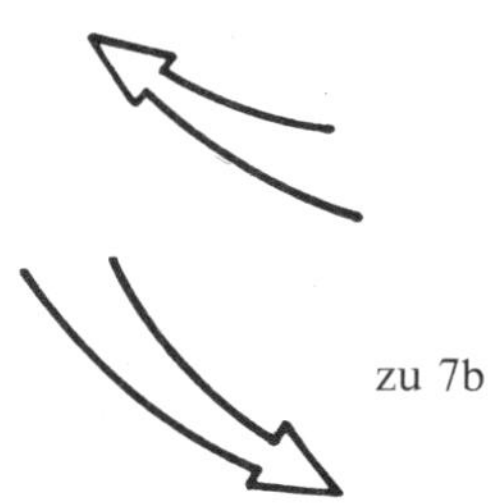

7a

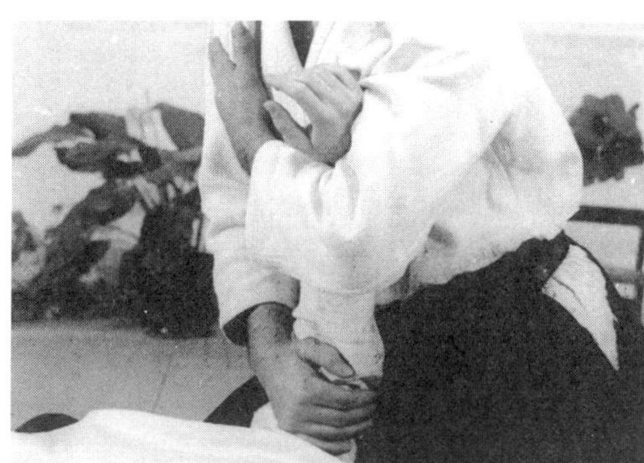

7b

SANKYO

Shomen uchi sankyo omote

1

Abb. 1 und 2: Zu Anfang der Bewegung gleich wie bei Ikkyo verfahren.

2

Abb. 3 und 4: Details 3a (Uke nach unten bringen.) und 4a beachten!

3

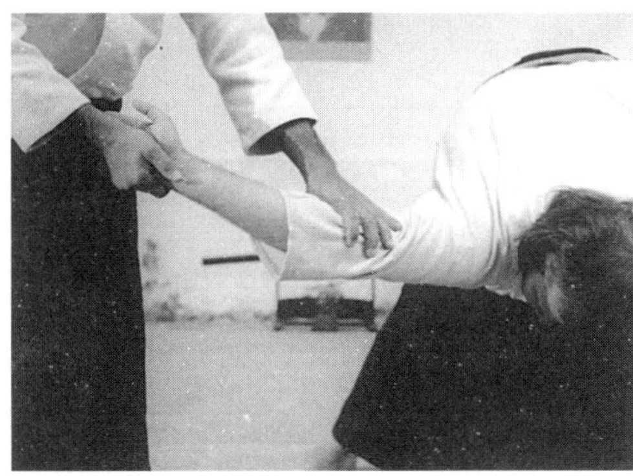

3a

4

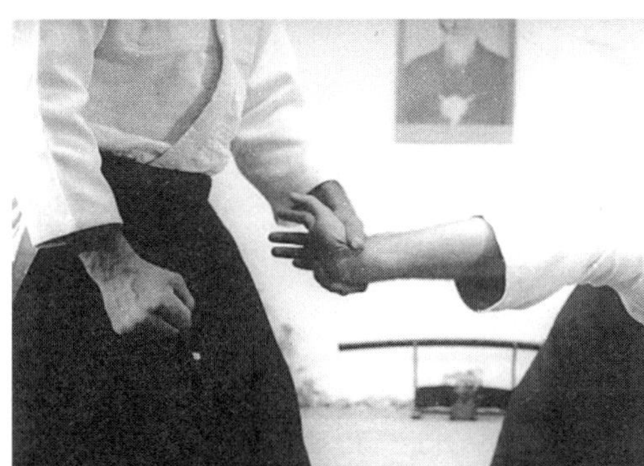

4a

5

Abb. 5: Tori macht einen kleinen Seitenschritt mit dem linken Fuß in Richtung auf Ukes Kopf.

6

6a

Abb. 6 und 6a: Tai sabaki ausführen, indem man den rechten Fuß in Richtung auf Ukes Mitte führt.

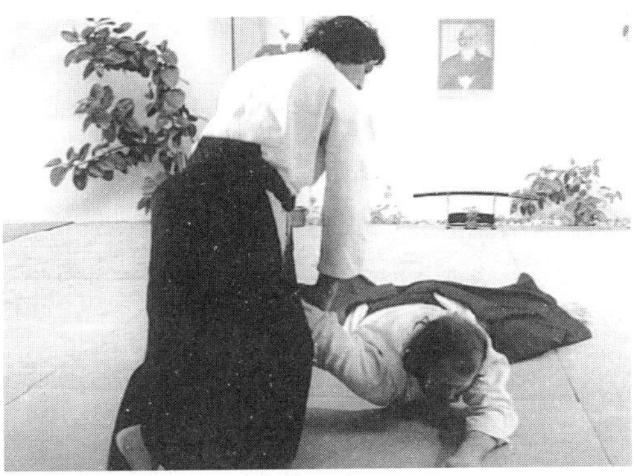

7

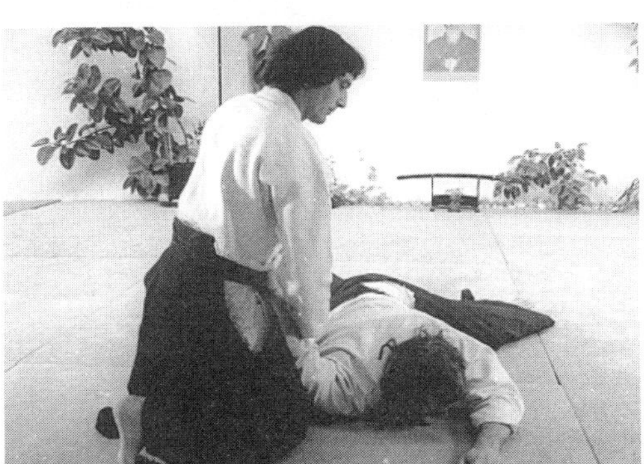

8

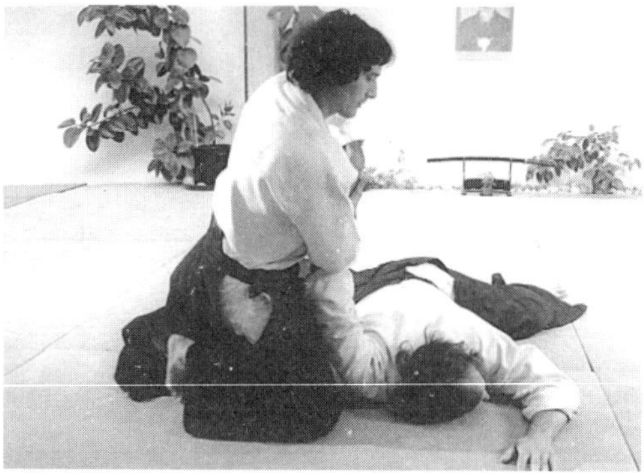

9

Abb. 9 bis 11: Bodenhebel; unterscheidet sich vom Nikyo-Bodenhebel dadurch, daß die rechte Hand auf den Handrücken des Uke umgreift. Die Details auf dieser Seite und der nächsten zeigen deutlich diesen und die anderen Vorgänge.

9a

10a

10

11

11a

1

1a

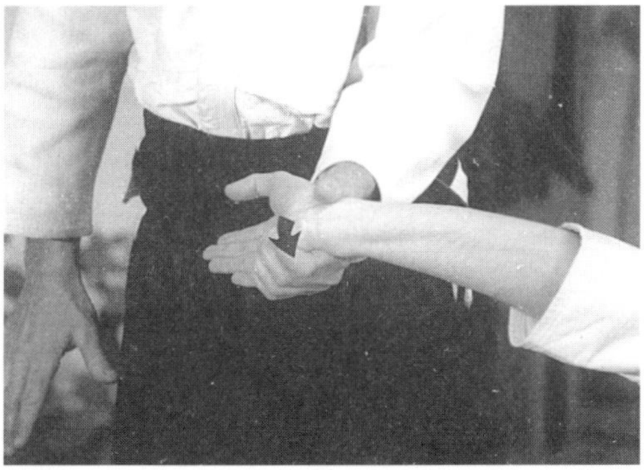
2

2a

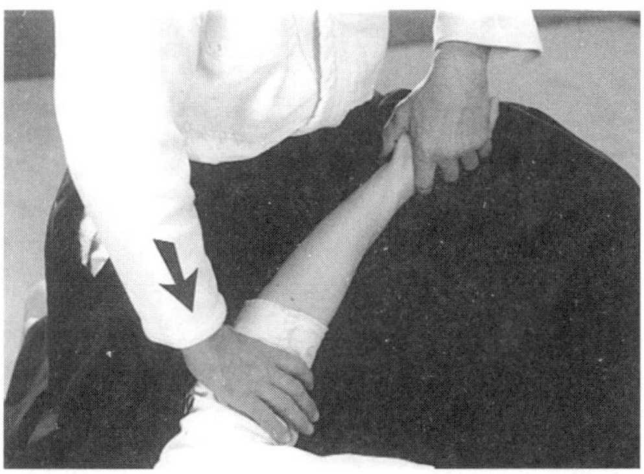
3

4

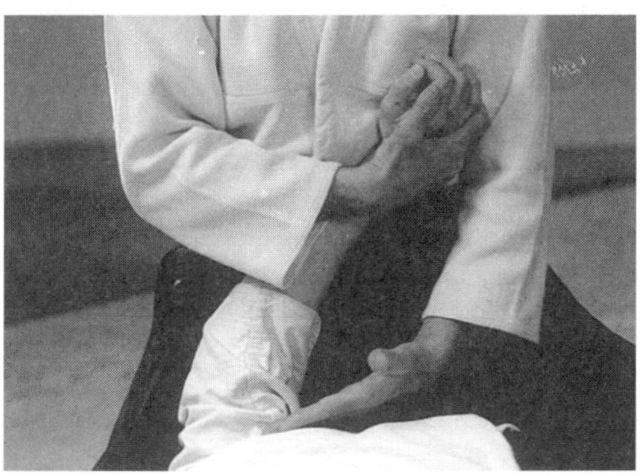
5

6

1

Ai hanmi katate tori sankyo ura

Diese Bewegung unterscheidet sich von der vorausgegangenen nur durch zwei Merkmale: die Angriffsform (Fassen von Toris linkem Handgelenk mit der linken Hand) und den direkten Wechsel zwischen Abb. 6 und 7.

2

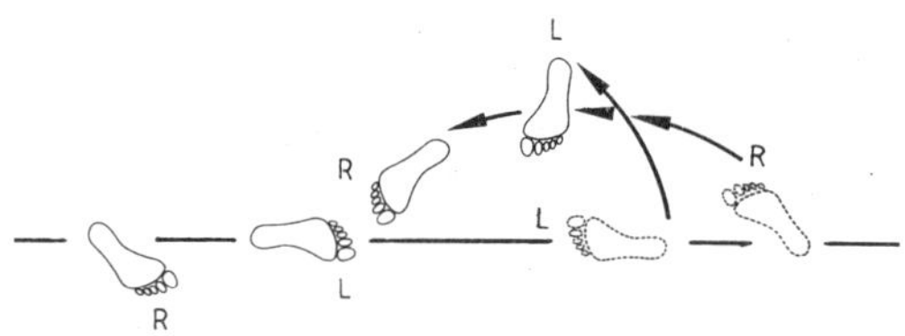

zu Abb. 2–3

3

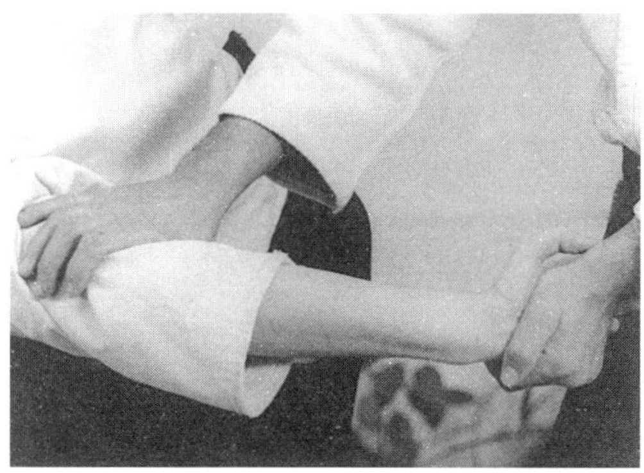

3a

4

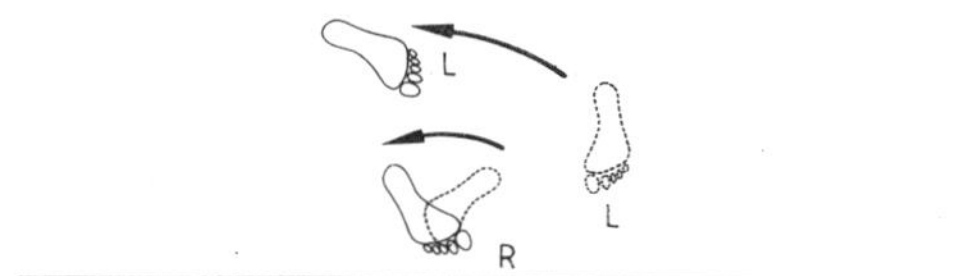

zu Abb. 3–4

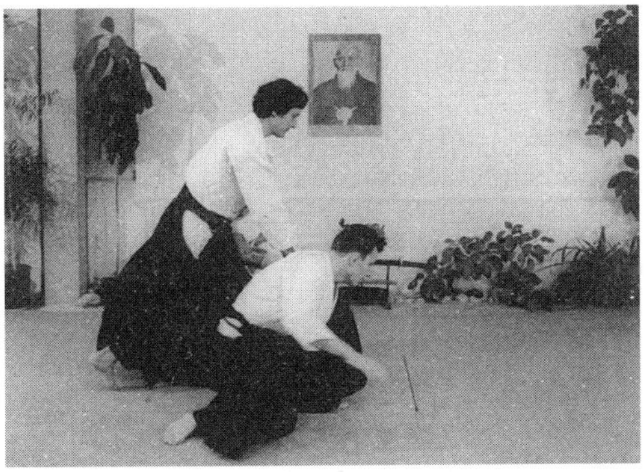

5

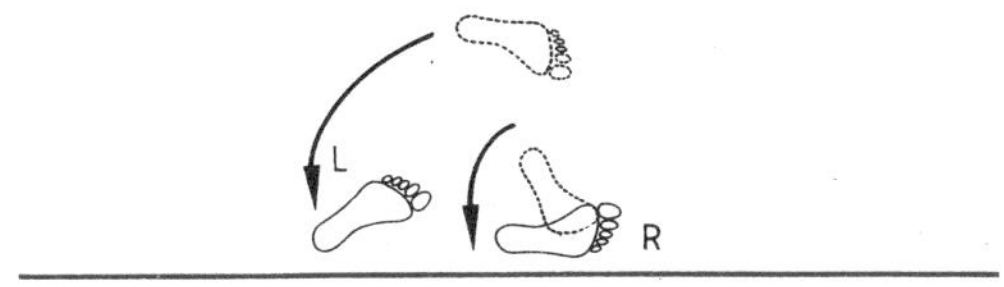

6

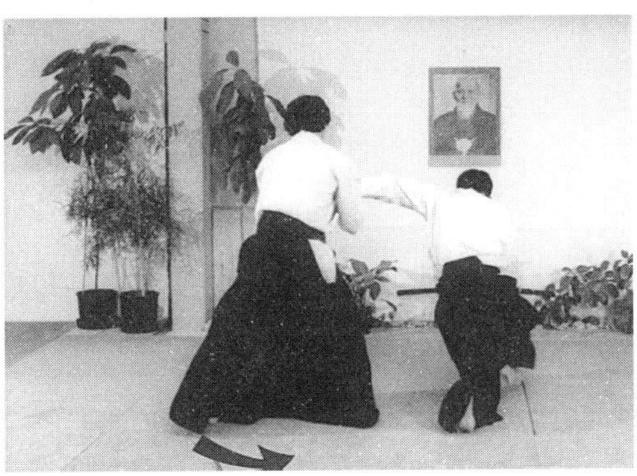

7

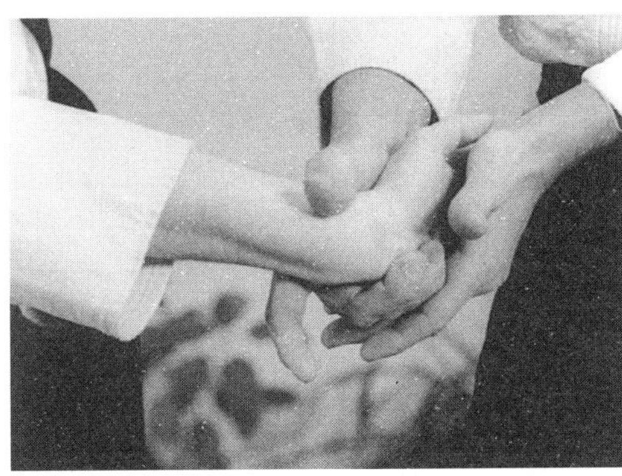

7a

8

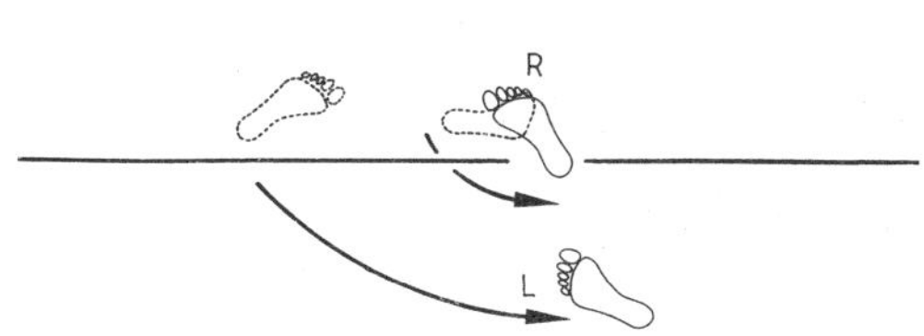

Tenkan mit dem linken Fuß.

9

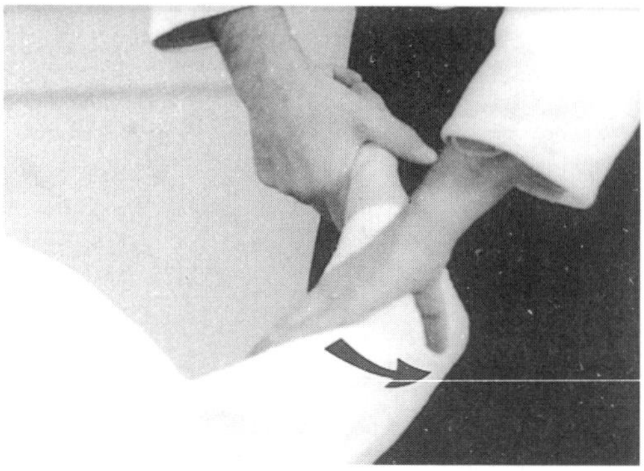
9a

10

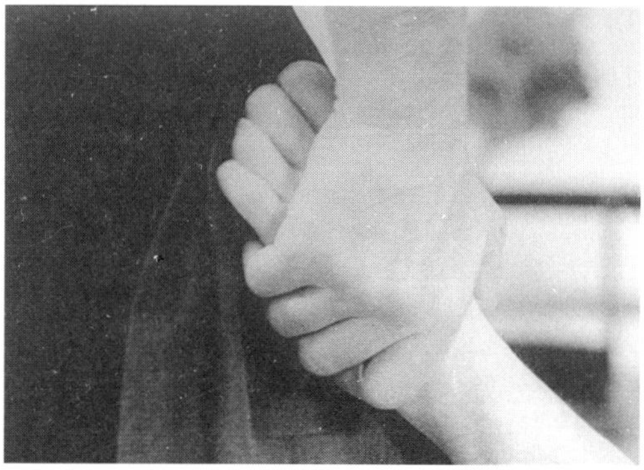
10

Es wird nochmals Tenkan ausgeführt.

Hier eine andere Form der Haltetechnik, Tachi waza. Hüfte und rechtes Knie drükken Ukes Hand nach vorn. In Abb. 10a wird Ukes Hand am Oberschenkel gehalten.

Falls Ukes Arm kürzer ist als gewöhnlich, wird seine Handinnenseite am Knie gehalten.

11

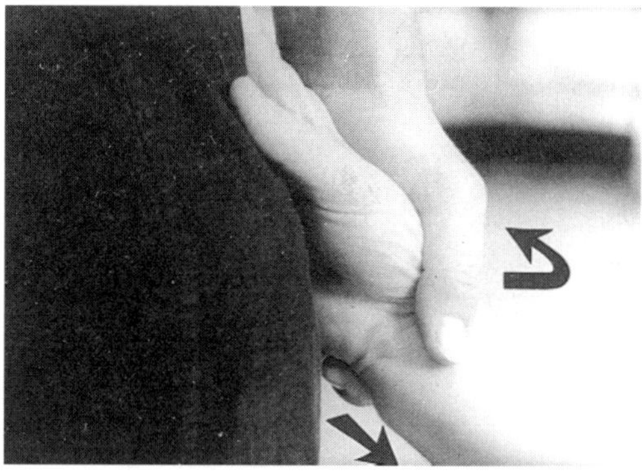
11

1

Vorbereitungsübung für Ushiro katate tori sankyo

Vergl. «Vorbereitungsübungen» auf S. 67; auf Fußdiagramme achten.

2

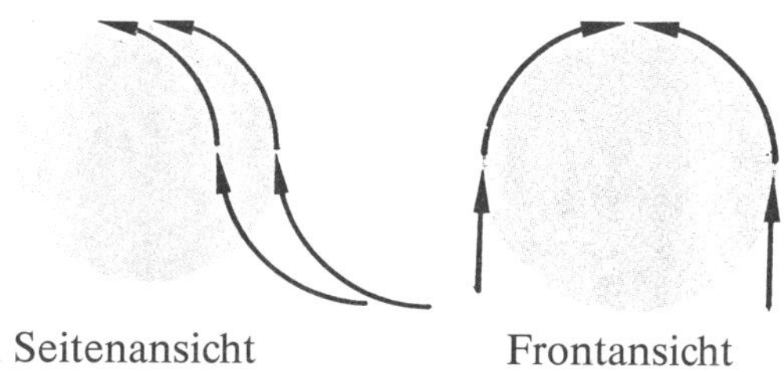

3

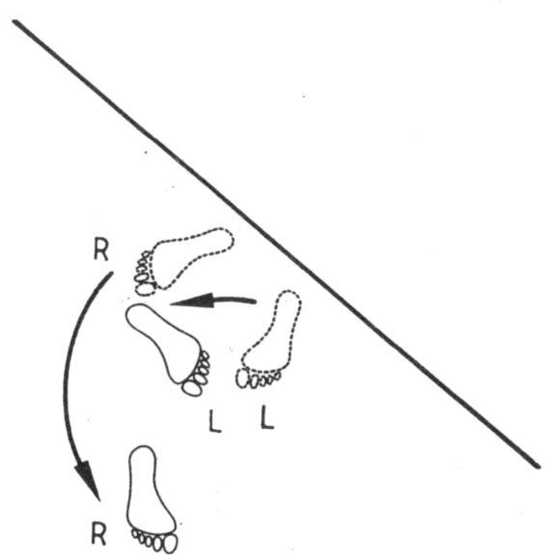

4

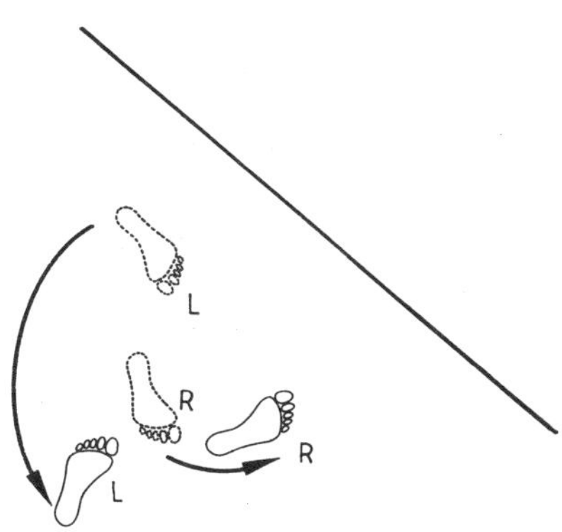

Ushiro katate tori sankyo

1

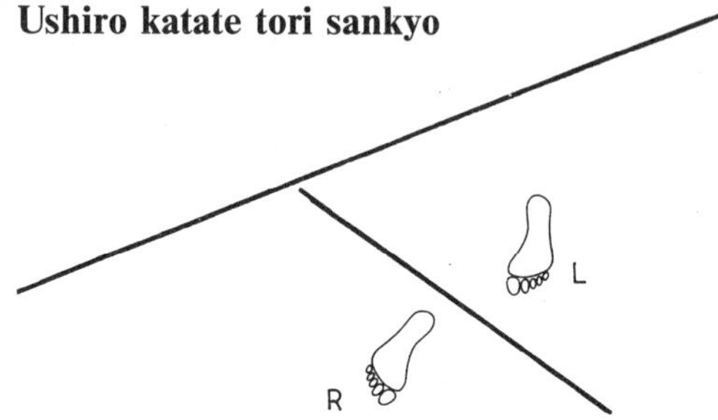

Abb. 1: Uke versucht beide Handgelenke von Tori von hinten zu greifen.

2

Abb. 2: Ukes Kraft wird durch einen Halbkreisschritt aufgenommen.

3

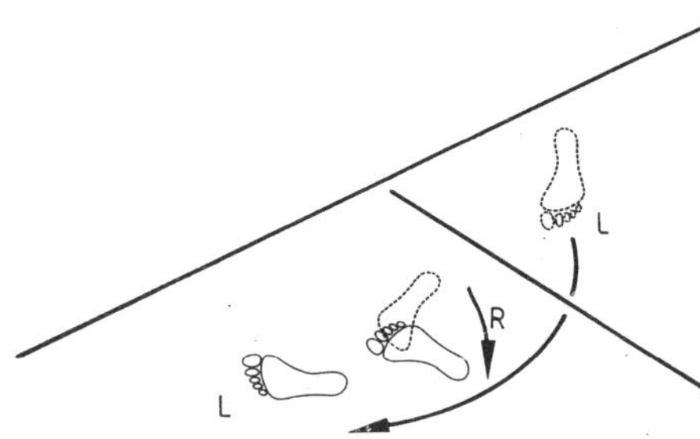

Abb. 3: Die rechte Hand führt Ukes Hand nach oben, die linke folgt, bevor Uke sie ergreifen kann.

4

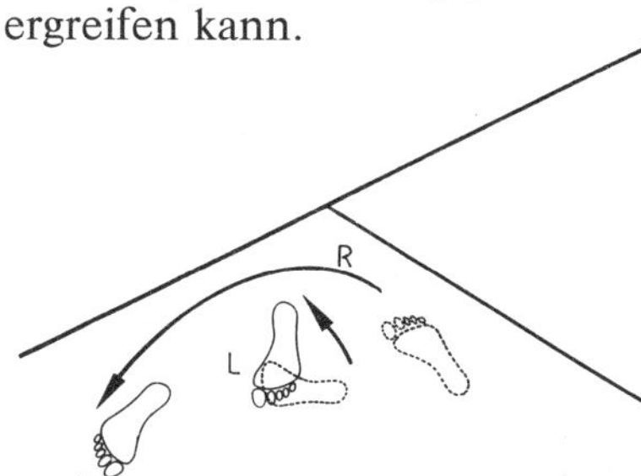

Abb. 4: Um Atemi zu vermeiden, muß Uke diese Hand weiterhin kontrollieren. Toris linke Hand faßt jetzt Ukes rechte Hand von innen.

5

6

Abb. 6 bis 8: Nachdem Tori Ukes linke Hand gefaßt hat, folgt Tai sabaki, gleichzeitig Atemi andeuten.

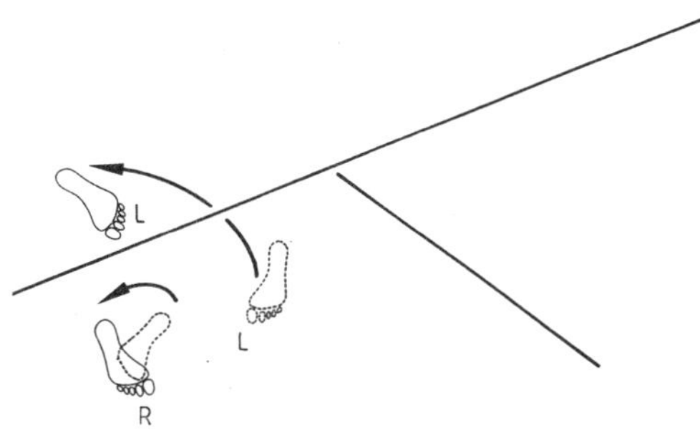

7

Abschluß wie Shomen uchi sankyo omote.

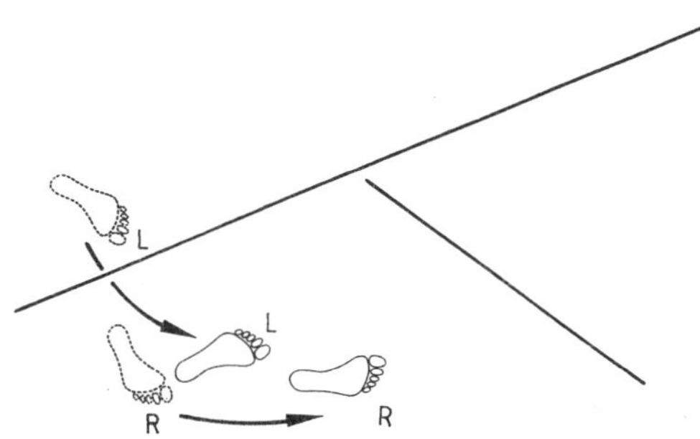

8

YONKYO

Shomen uchi yonkyo omote

1

Abb. 1 bis 3: Eingang wie bei Ikkyo.

2

3

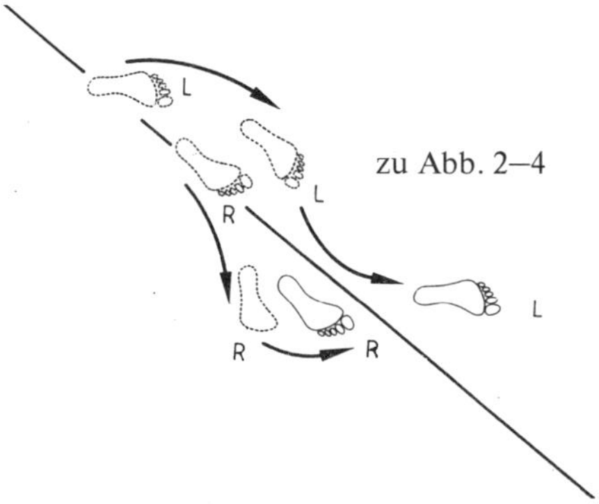

zu Abb. 2–4

4

5

6

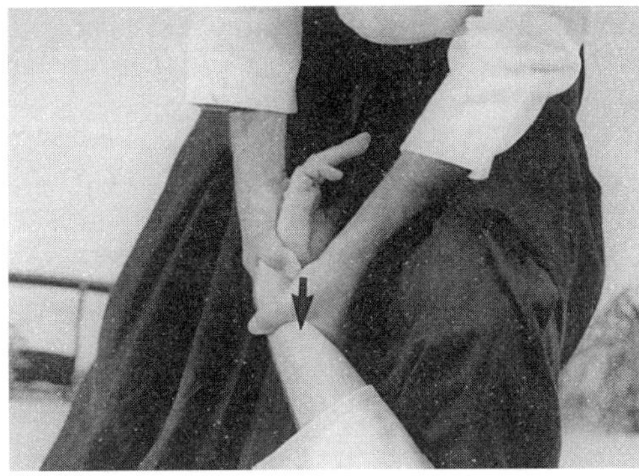

6a

Die rechte Hand Ukes wird nach oben gehalten, und die Hüfte dreht sich spiralförmig nach unten.

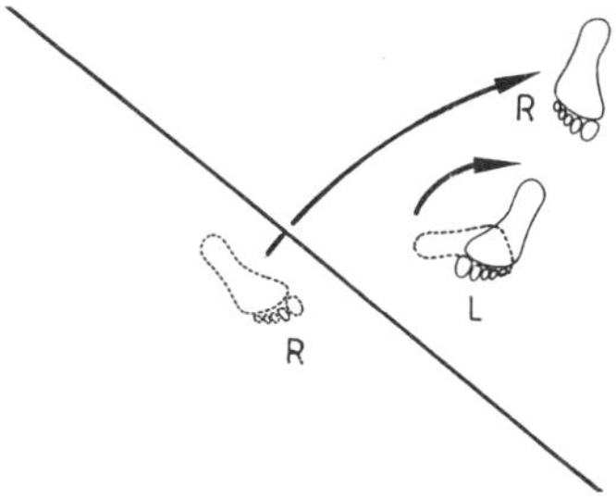

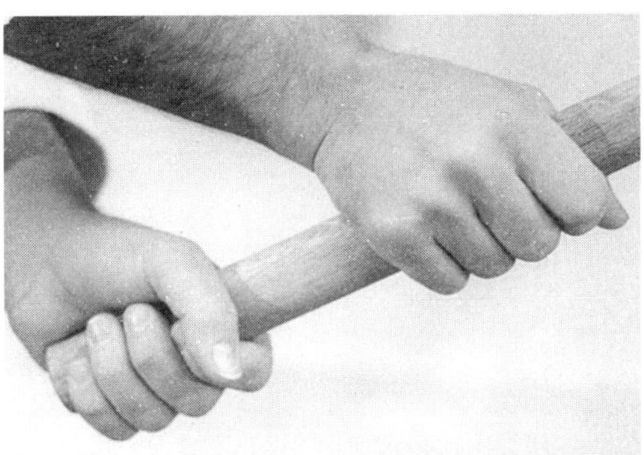

Yonkyo entspricht der Haltung des Bokken (Holzschwerts).

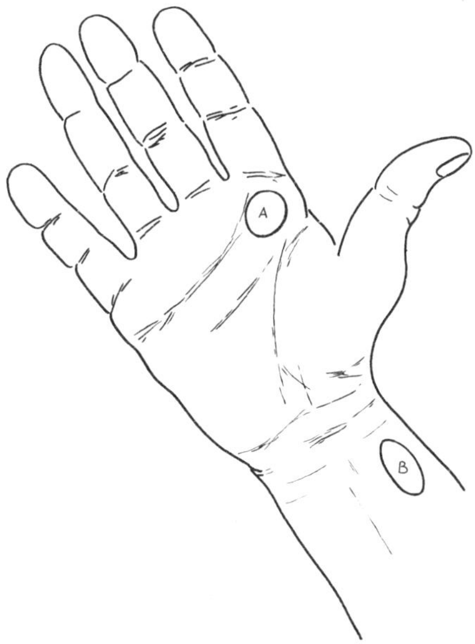

Punkt A der linken Hand von Tori drückt auf Punkt B des rechten Handgelenks von Uke.

GOKYO

Shomen uchi gokyo

Uke führt mit dem Messer einen Stich von oben nach unten. Tori faßt Ukes Handgelenk mit der linken Hand, während die rechte Hand einen kurzen Schlag gegen Ukes Handgelenk ausführt. Sollte Uke das Messer loslassen, wird so vermieden, daß es gegen den Kopf des Verteidigers geschleudert wird. Statt dessen fällt das Messer hinter den Kopf von Uke.

1

2

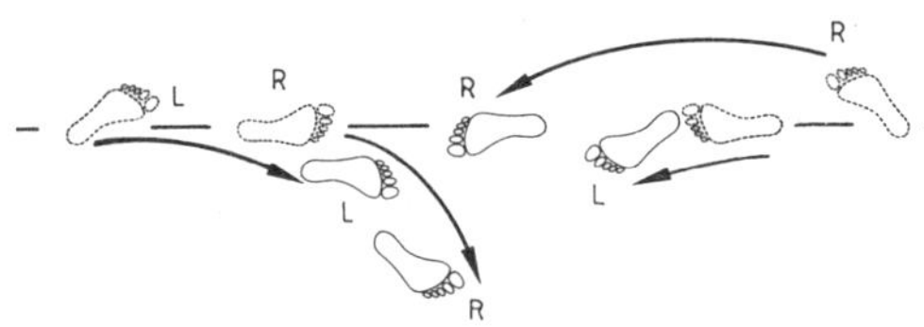

3

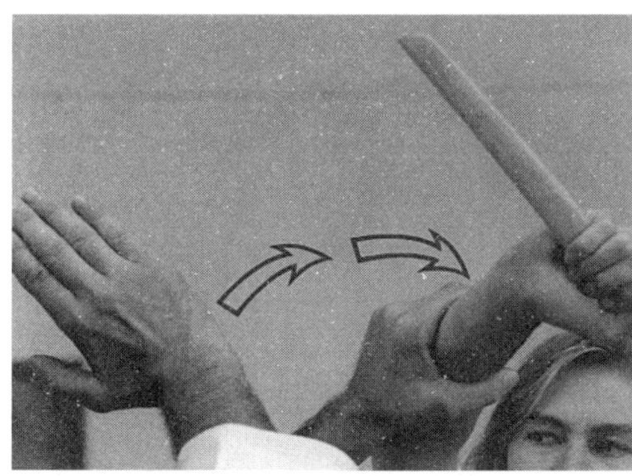
3a

4

3b

5

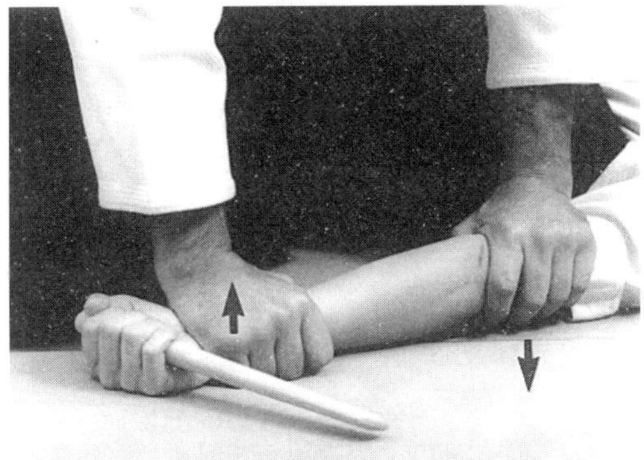

A

6

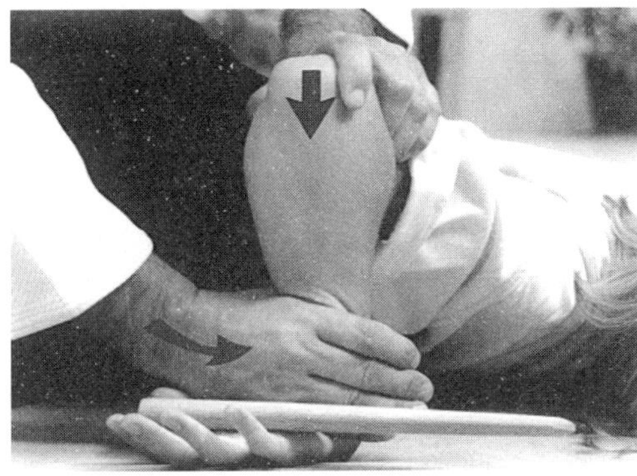

B

7

A und B: Die linke Hand drückt gegen Ukes Ellenbogen. Seine Reaktion, den Ellenbogen dagegen zu drücken wird ausgenutzt, um den eigentlichen Hebel durchzusetzen. Dadurch öffnet sich die Hand, und das Messer kann entnommen werden.

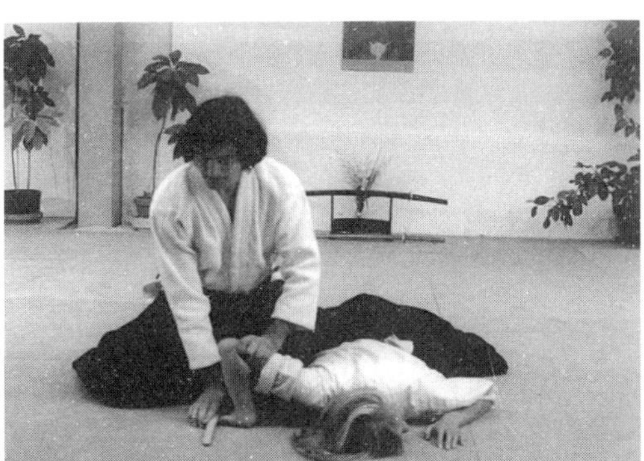

8

9

Halte- und Wurftechniken

Shiho nage

Der Name dieser Bewegung wurde der Überlieferung nach der Bezeichnung Shiho giri (Schneiden in 4 Richtungen) nachempfunden. Shiho giri ist eine alte kaiserliche Zeremonie, wobei der Kaiser Japans den vier Himmelsrichtungen huldigte, um sich der Gunst der Erde und des Himmels für sein Reich zu versichern. Es wird durch ein Viereck symbolisiert.

SHIHO NAGE

Ai hanmi katate tori shiho nage omote

Dieser Wurf kann auch mit einer Haltetechnik beendet werden.
Die Fußdiagramme zeigen hierfür zwei verschiedene Möglichkeiten, die Bewegung auszuführen (A und B).

1

Abb. 1: Uke greift Toris rechtes Handgelenk mit seiner rechten Hand.

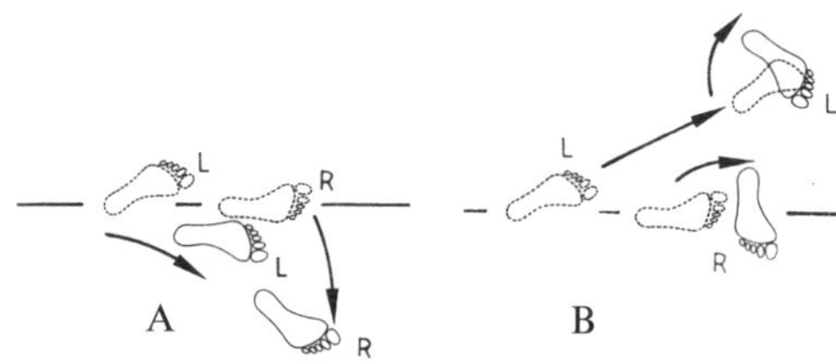

2

Abb. 2: Tori führt die linke Hand zu Ukes Handgelenk, während sich die rechte Hand in Pfeilrichtung dreht.

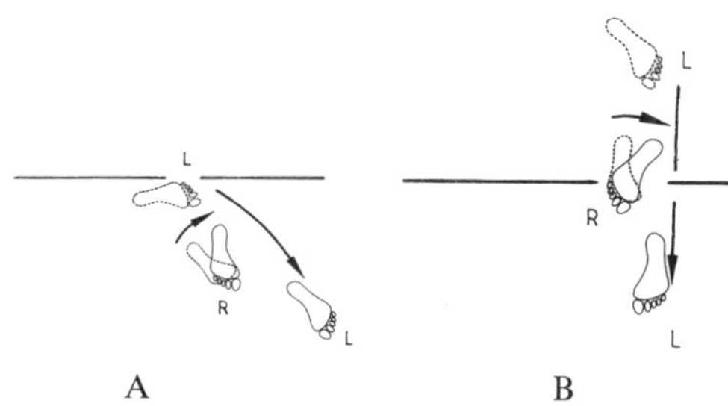

3

Abb. 3: Nun wird Ukes Arm nach außen geführt, dadurch verliert er sein Gleichgewicht. Hier sollte man darauf achten, daß, während der Schritt nach vorn vorgenommen wird, der Kopf nach rechts gerichtet ist; Hände vor der Stirn.

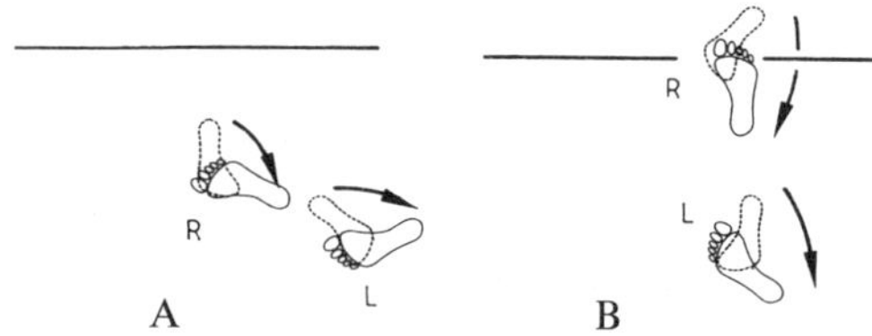

4

Abb. 4: Die Hüfte dreht um 180° (Henka), die Hände befinden sich jetzt über dem Kopf.

5

Abb. 5: Die Ellenbogen sind nach innen gerichtet, wie beim Schlagen mit dem Schwert.

6

7

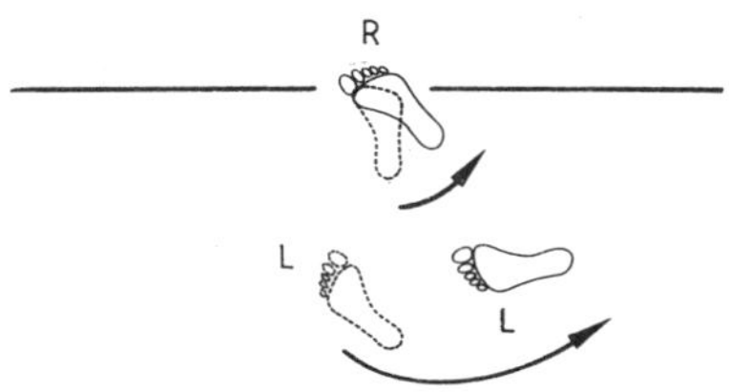

Abb. 6 und 7: Während des Werfens, ist ein leichtes Versetzen des hinteren Fußes von Vorteil, um den Oberkörper nicht zu tief beugen zu müssen. Das hintere Bein ist gestreckt, aber entspannt. Man beachte: Ukes Hand rechtzeitig loslassen, um Verletzungen am Handgelenk zu vermeiden. Aus demselben Grund muß Ukes Ellenbogen der Zeichnung zu Abb. 6 entsprechend geführt werden.

Ai hanmi katate tori shiho nage ura

1

Abb. 1: Gleiche Ausgangsstellung wie bei der Omote-Ausführung.

2

Abb. 2 und 3: Man führt Tai sabaki aus, wobei der erste Schritt nicht allzu groß ausfallen sollte.

3

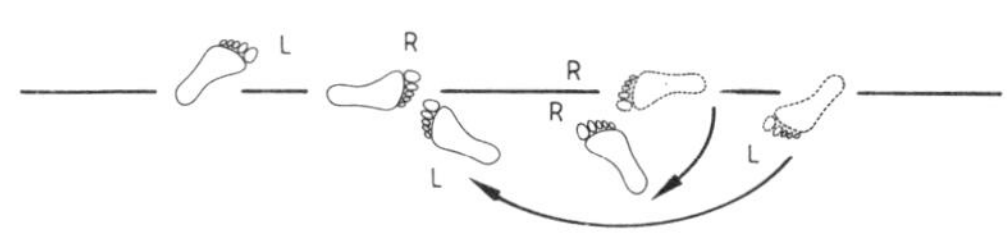

4

Abb. 4: Tori achtet darauf, daß sein Oberkörper aufrecht bleibt, während er sich mit einer Abwärtsbewegung um seine eigene Achse dreht.

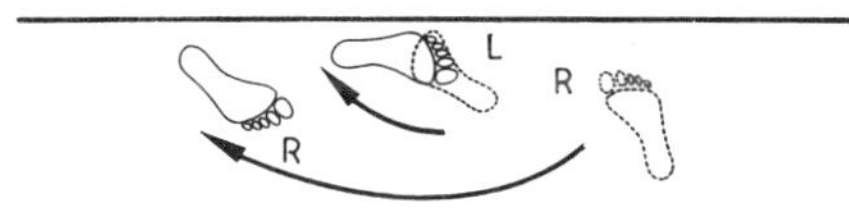

5

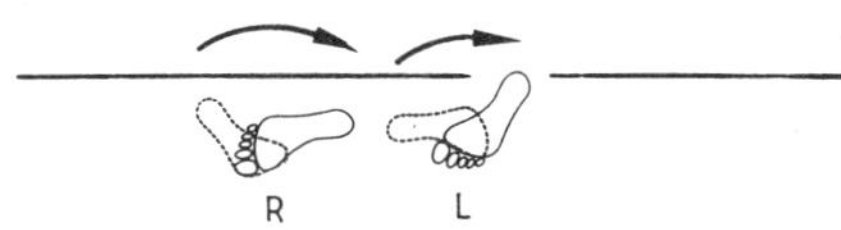

6

Abb. 5 und 6: Die Hüfte um 180° drehen; dies ist nur möglich, wenn der (in diesem Fall) rechte Fuß sich auch in dieser Position befindet. Die Drehung ist schnell, aber nicht ruckartig. Auf keinen Fall werfen, bevor die Hüfte sich völlig gedreht hat (Verletzungsgefahr für Uke).

7

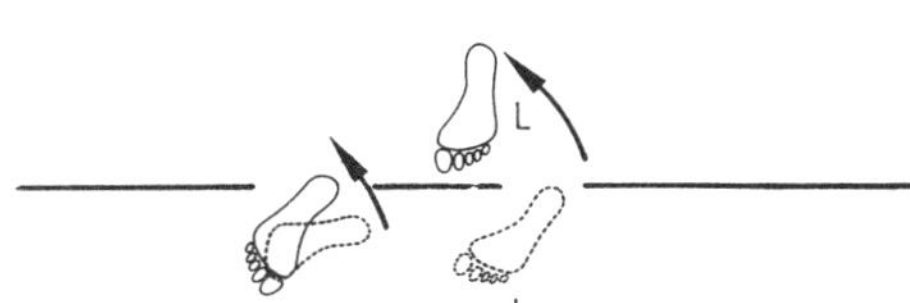

8

Die Details zeigen die Analogie zwischen der Haltung des Bokken und Shiho nage.

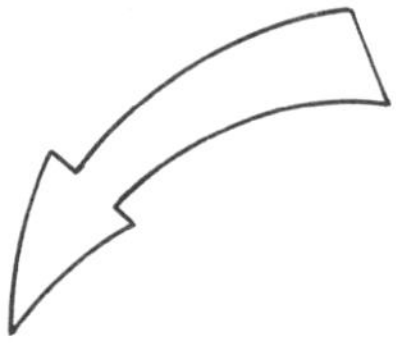

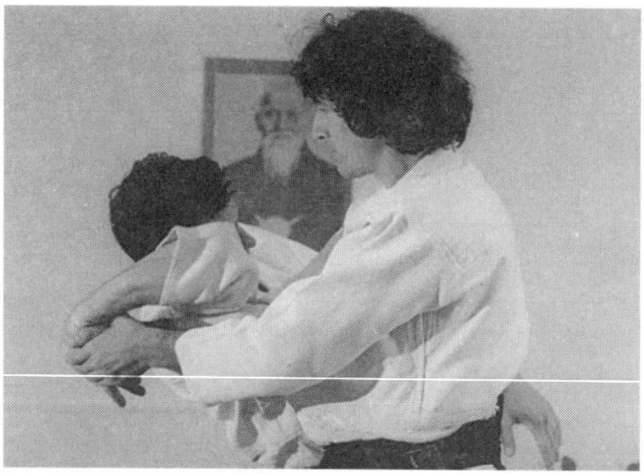

1

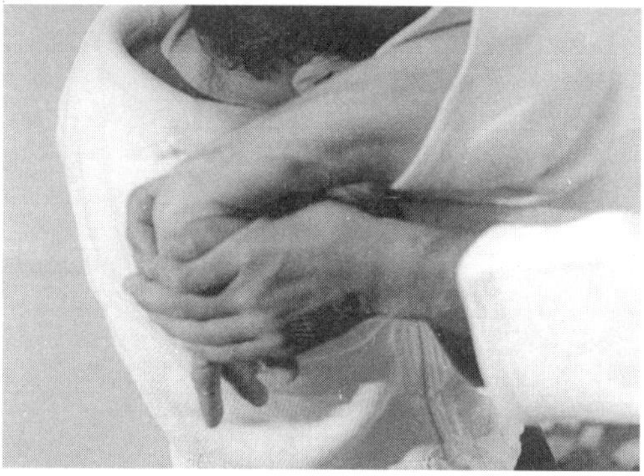

2

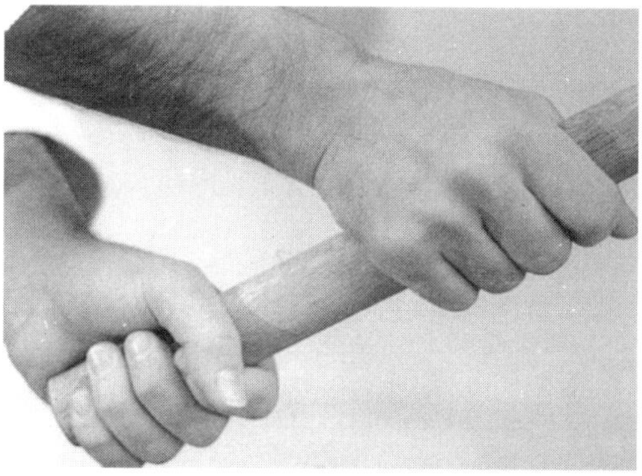

3

4

Shiho nage ist auch mit zwei Uke durchführbar
(hier bei Angriffsform Katate tori ryote mochi beidseitig).

Gyaku hanmi shiho nage ura

Hier gelten dieselben Hinweise wie für Ai hanmi katate tori shiho nage. Die Bewegung unterscheidet sich nur durch die Angriffsform; die Photos sind aus einem anderen Blickwinkel aufgenommen.

Fußdiagramme beachten!

1

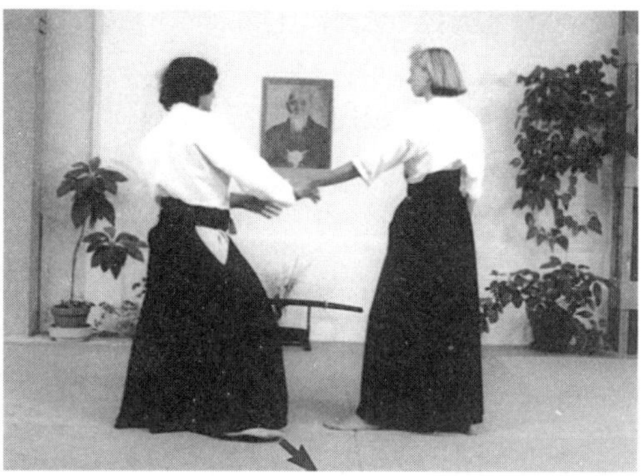

2

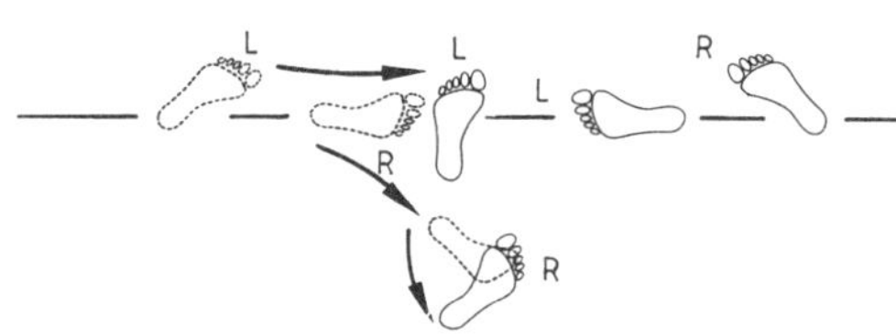

3

4

5

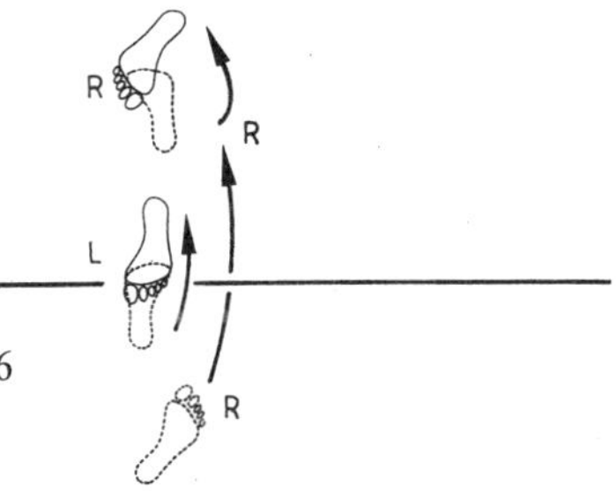

zu Abb. 4 bis 6

6

7

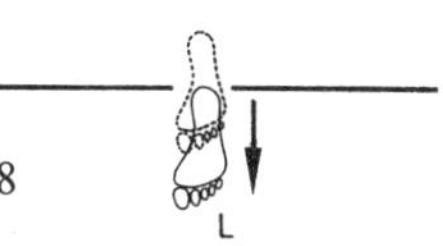

zu Abb. 7 bis 8

8

9

Yokomen uchi shiho nage omote

1

Abb. 1: Die Bewegung beginnt in der Migi-hanmi-Ausgangsposition.

2

Abb. 2 und 3: Uke schlägt seitlich von oben nach unten gegen Toris rechte Kopfseite. Gleichzeitig verlagert Tori seine Position nach links und fängt damit Ukes Kraft auf. Hier gilt: die Kraft Ukes nicht stoppen; fließen lassen! Man harmoniert mit Ukes Angriff.

3

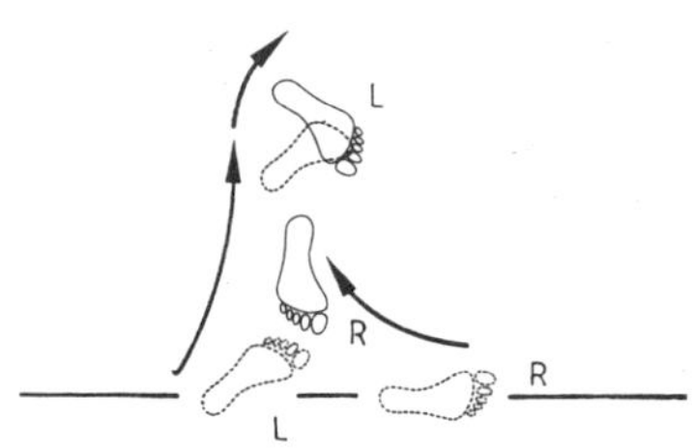

4

5

6

Die eigentliche Shiho-nage-Bewegung wird jetzt ausgeführt, bevor Uke wieder Stabilität erlangen kann. Im übrigen gelten dieselben Hinweise wie bei allen Shiho-nage-Formen.

Der Bewegungsablauf wird durch die Diagramme auf S. 168/169 zusätzlich verdeutlicht.

7

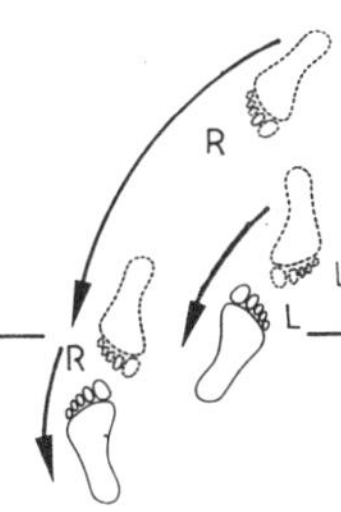

8

9

Yokomen uchi shiho nage omote
Die Diagramme verdeutlichen, parallel zu den Fotos auf den Seiten 166/167, wie die Angriffskraft des Uke durch eine kreisförmige Bewegung des Tori aufgefangen und umgeleitet wird.

a) entspricht Abb. 2, S. 166

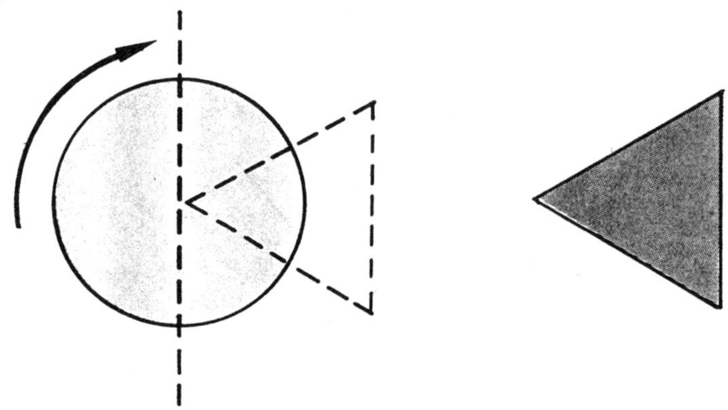

b) entspricht Abb. 4

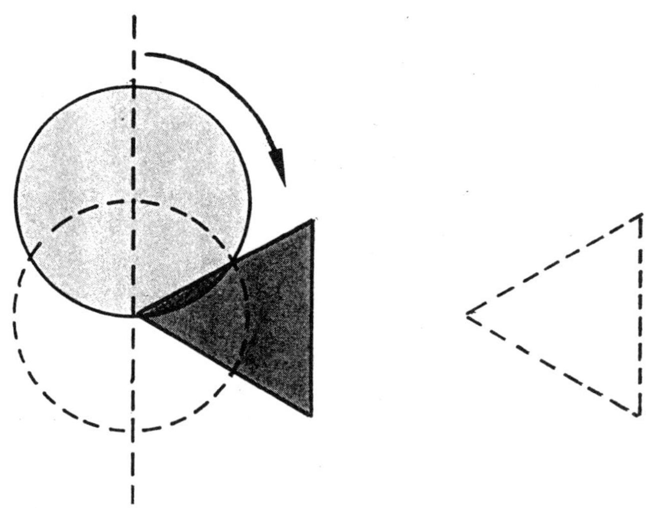

c) entspricht Abb. 5

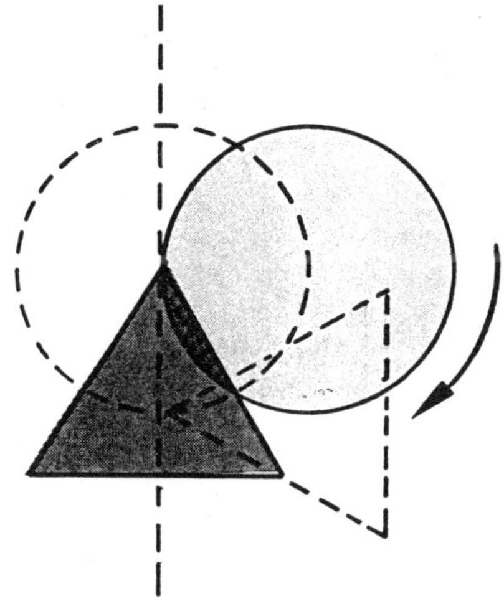

d) entspricht Abb. 7

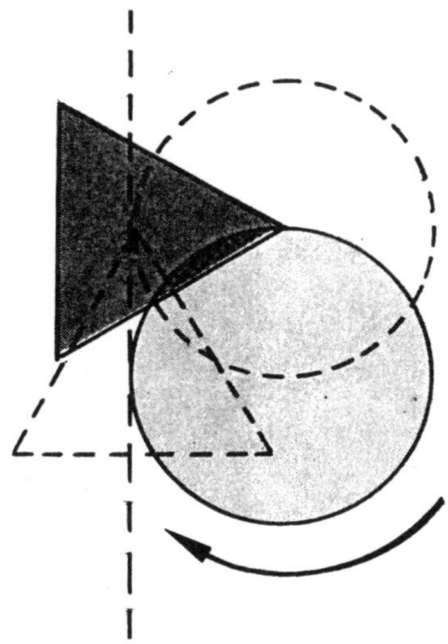

e) entspricht Abb. 9

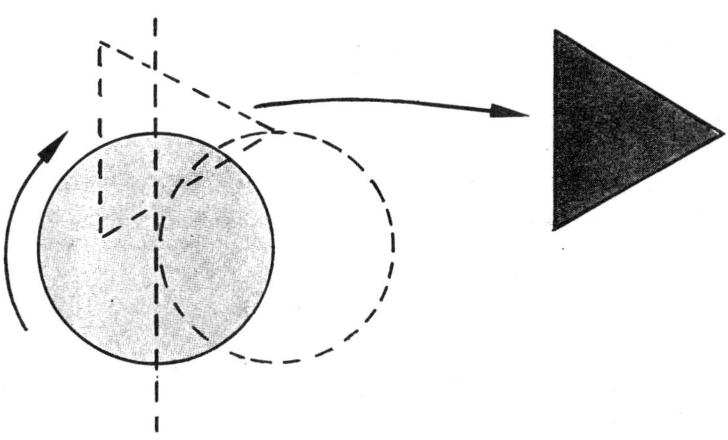

Kata tori men uchi shiho nage omote

Abb. 1 und 2: Uke faßt Toris Kleidung an der Schulter, gleichzeitig greift er mit Shomen uchi an, bzw. pariert Toris Atemi.

1

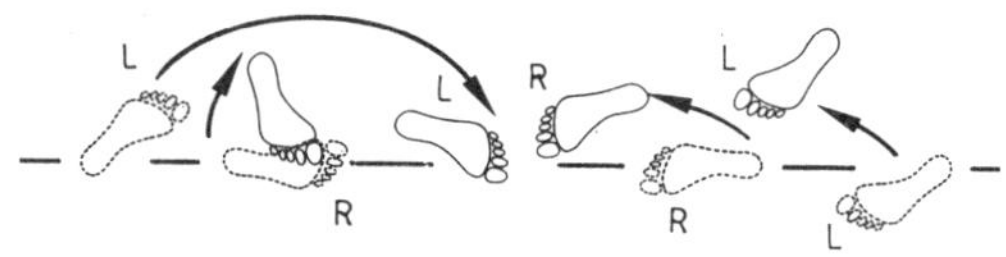

2

In der hier abgebildeten Bewegung wird die Kraft Ukes durch Tenkan abgeleitet, bevor man Shiho nage ausführt. Die führende Hand muß entspannt nach oben gehalten werden und darf niemals den Kontakt mit Ukes Handgelenk verlieren.

3

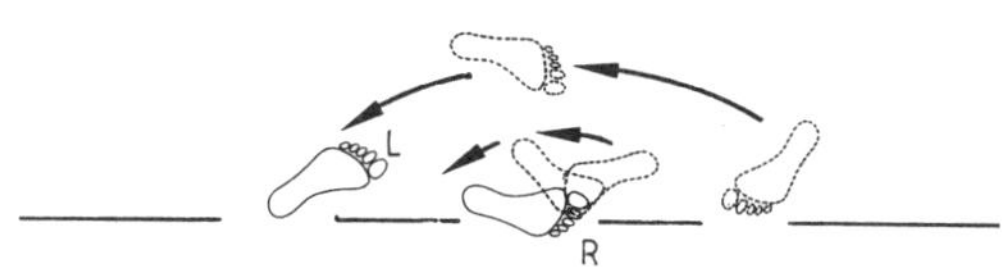

Die Hand Toris muß sich immer vor dem Kopf befinden, sonst ist es für Uke sehr leicht, die Bewegung zu stoppen.

4

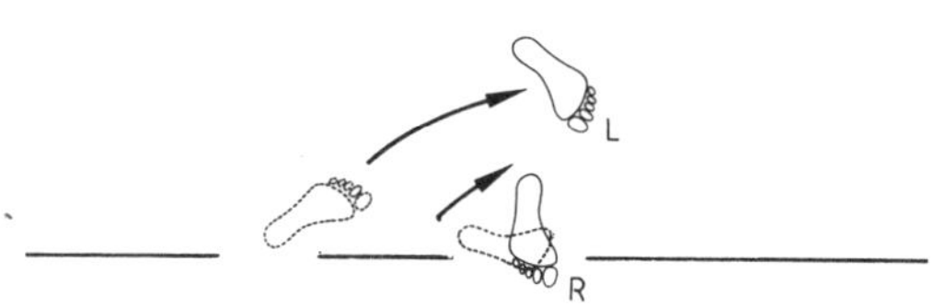

5

6

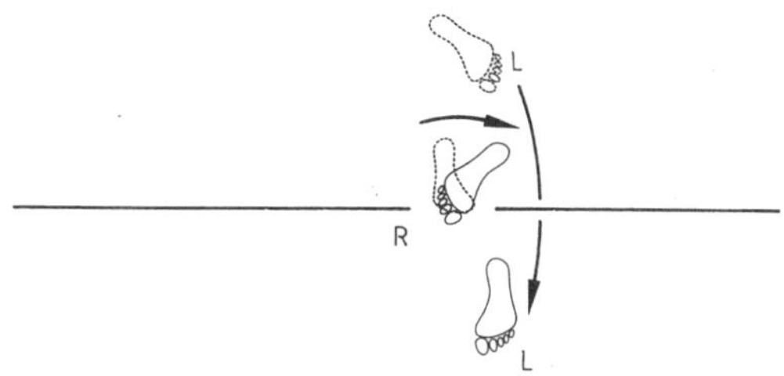

7

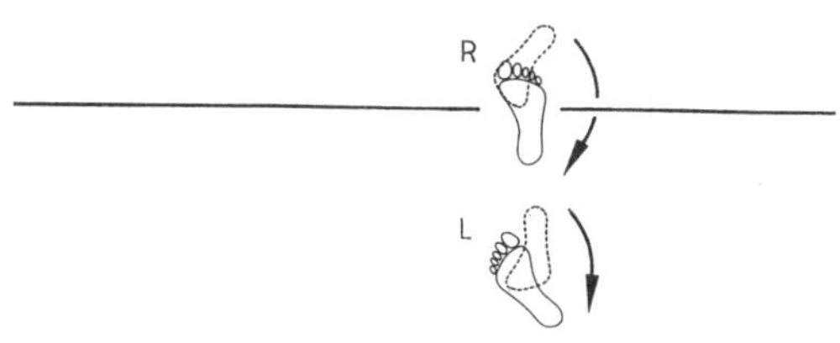

8

Details zu diesem Bewegungsablauf siehe S. 172.

Details zu Kata tori men uchi shiho nage omote

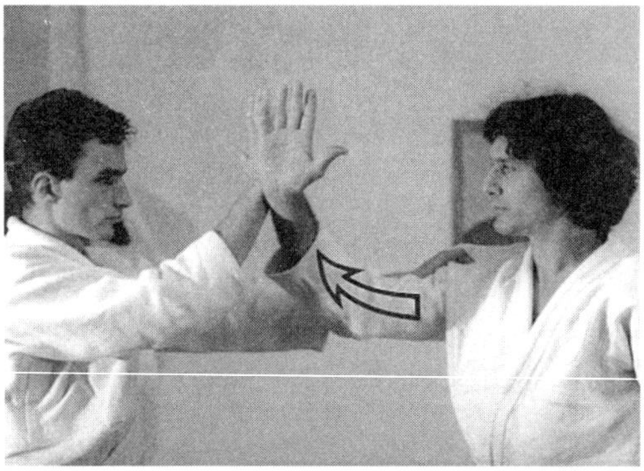

2a

3a

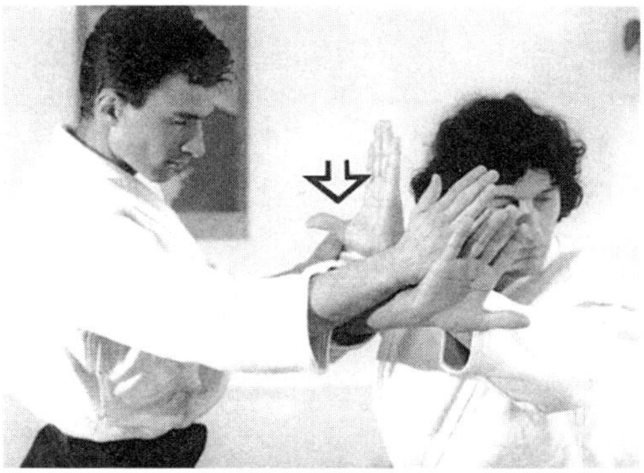

4a

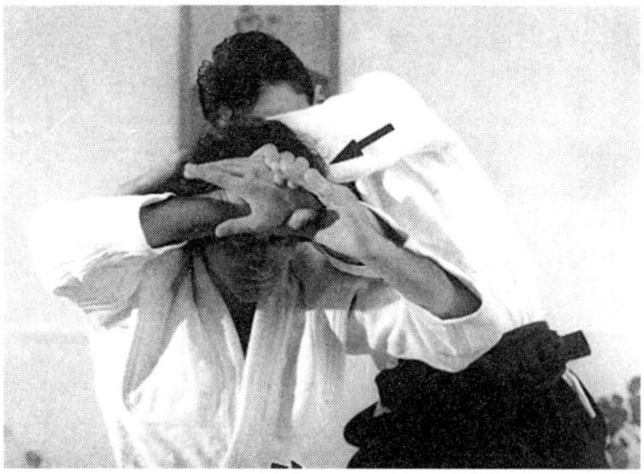

5a

KOTE GAESHI

Ai hanmi katate tori kote gaeshi

1

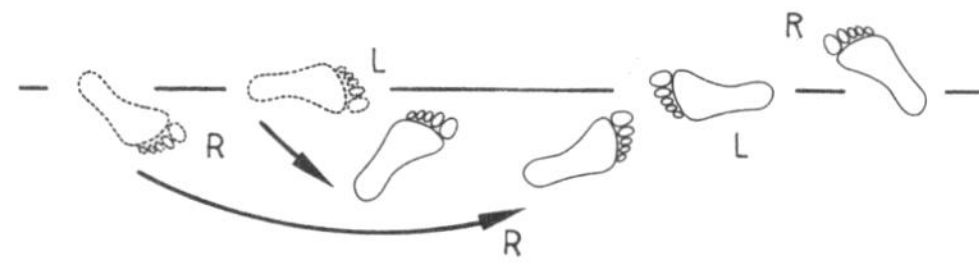

Abb. 1: Ausgangsstellung Hidari hanmi. Tori führt Tai sabaki aus, gleichzeitig faßt Tori von oben Ukes linkes Handgelenk, den Daumen auf den Handrücken von Uke gerichtet. Hier wie für Shiho nage gilt auch, daß Toris führende Hand stets seiner eigenen Mitte folgt.

2

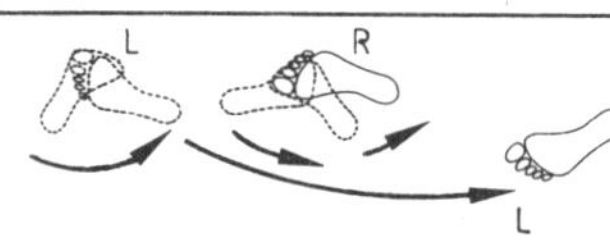

3

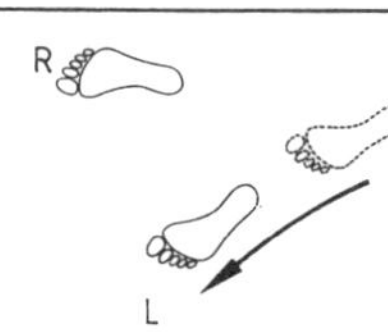

Zwischen Abb. 3 uns 4 macht man einen kleinen Seitenschritt mit dem linken Fuß.

4

5

Abb. 5: Tenkan mit dem rechten Fuß, gleichzeitig mit der linken Hand Ukes Handgelenk nach innen drücken.

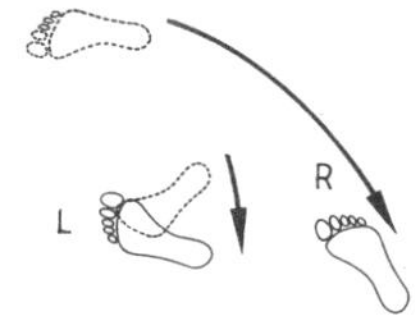

6

Abb. 6 und 7: Die linke Hand gleitet zu Ukes Innenarmbeuge; dann bringt Tori Uke in Bauchlage, indem er seinen Ellenbogen in Richtung auf Ukes Nase drückt. Dabei geht er/sie um Ukes Kopf herum.

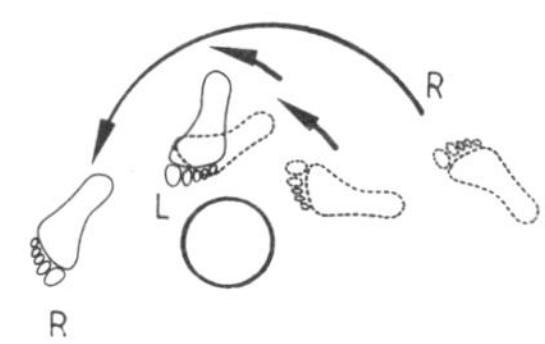

7

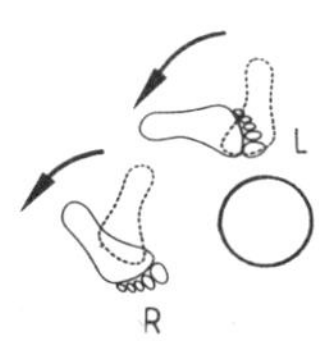

Abb. 9: Bodenhebel wie bei Nikyo.

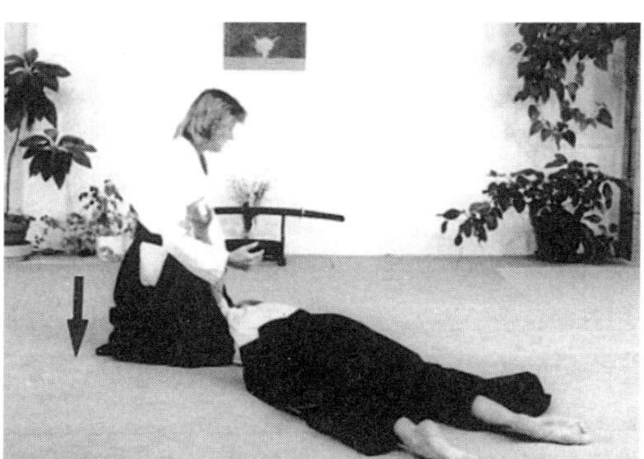

8

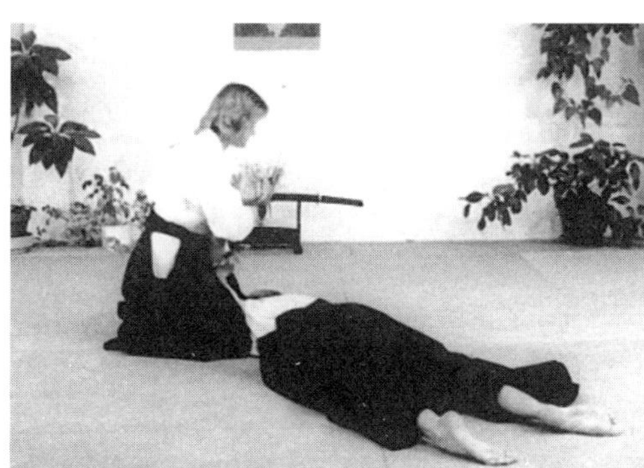

9

1

Gyaku hanmi katate tori kote gaeshi

Diese Bewegung unterscheidet sich von der vorausgegangenen durch die Ausgangsstellung (Gyaku hanmi anstatt Ai hanmi) und durch die dynamische Ausführung. (Ki no nagare)

2

Mit Irimi seitlich nach vorn gleiten, gleichzeitig, bevor Ukes Hand das Handgelenk fassen kann, befreien wie in Abb. 2, S. 179.

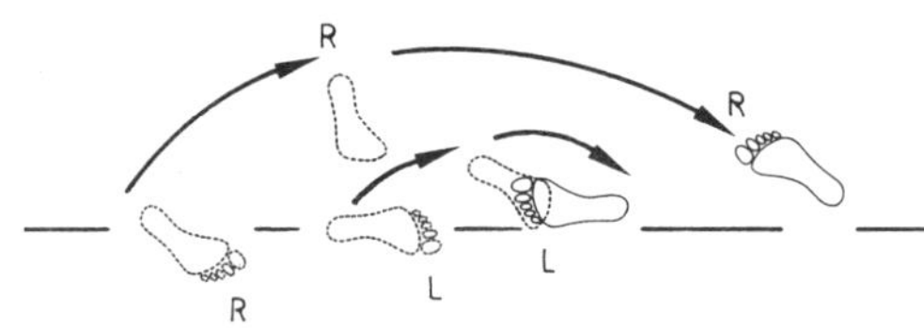

zu Abb. 2 bis 4

3

4

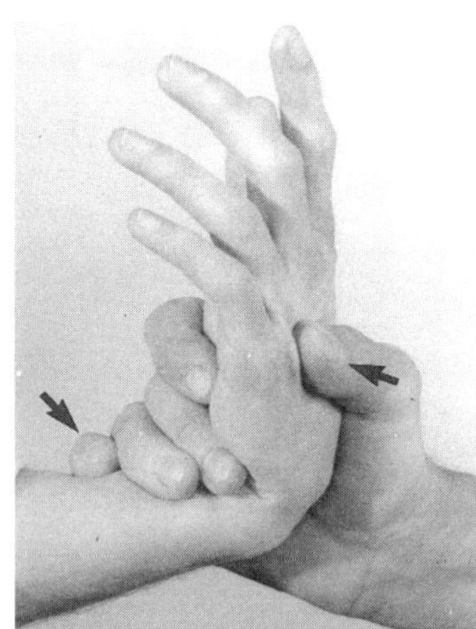

4a

5

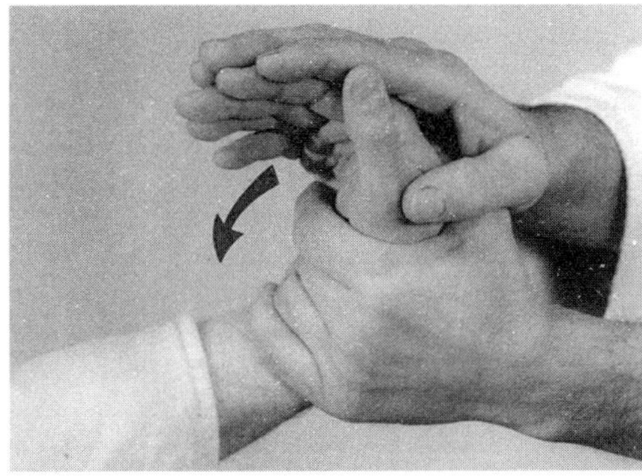
5a

6

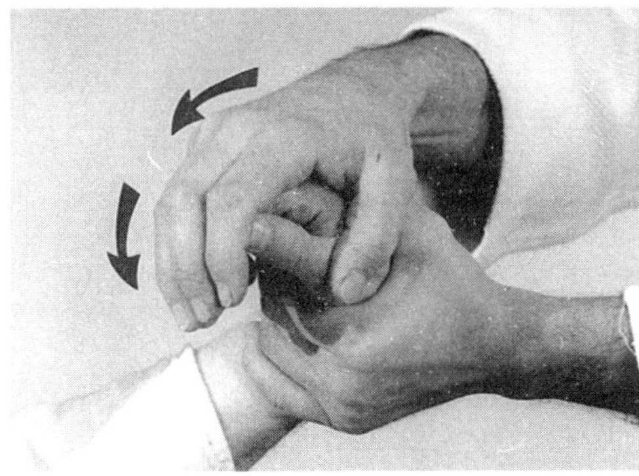
6a

7

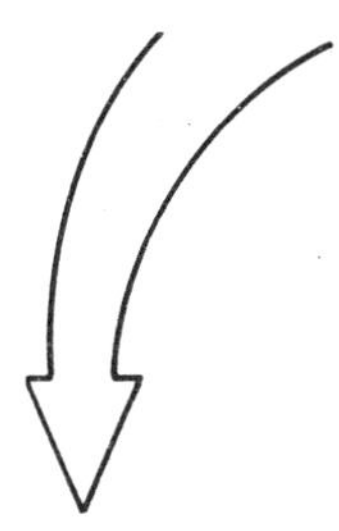

8

Bodenhebel siehe nächste Seite.

9

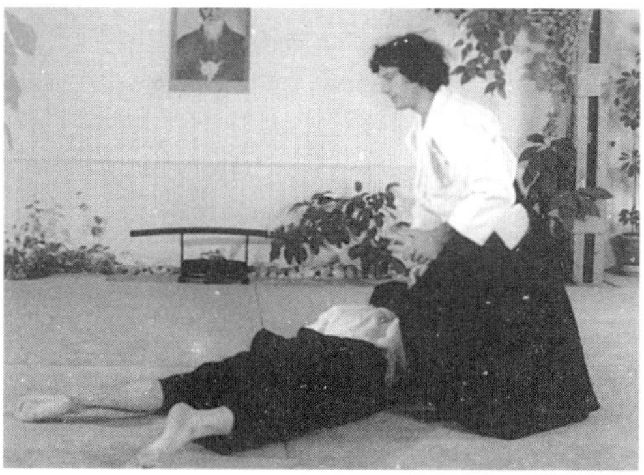

10

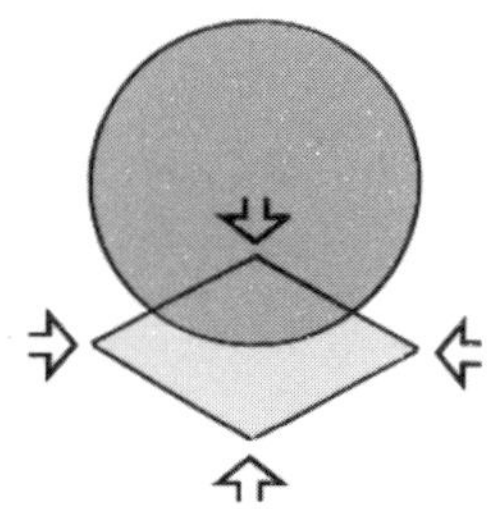

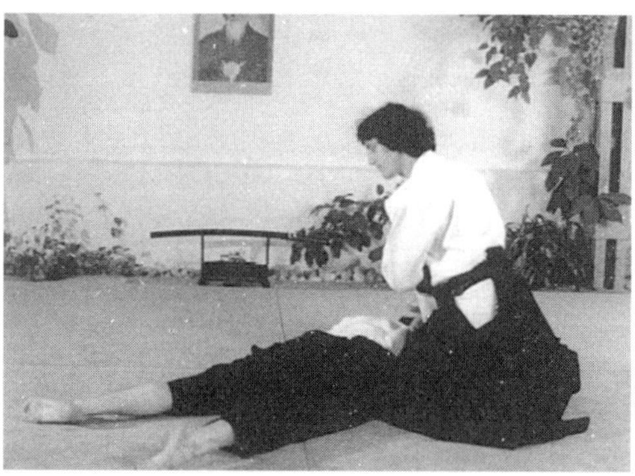

11

Haltegriff

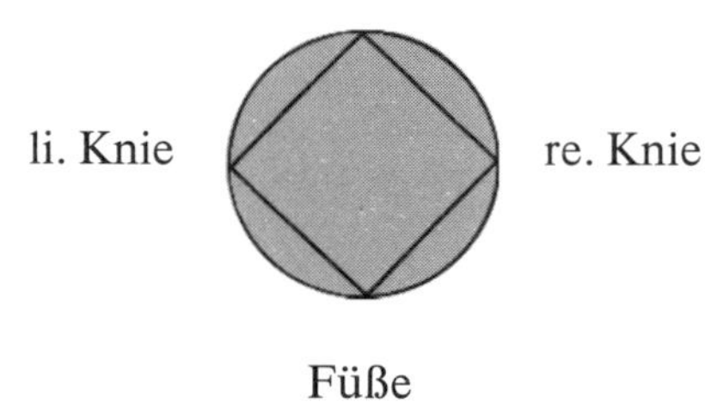

11a

11a: Frontansicht zu Abb. 11.

Atemi waza (Stoßtechniken)

Diese Techniken werden hauptsächlich verwendet, um einem Schlag des Gegners zuvorzukommen, bzw. um die freie Hand des Gegners abzuwenden.

1

Hier werden einige Befreiungstechniken abgebildet, die bei Gyaku-hanmi-Angriff entstehen.

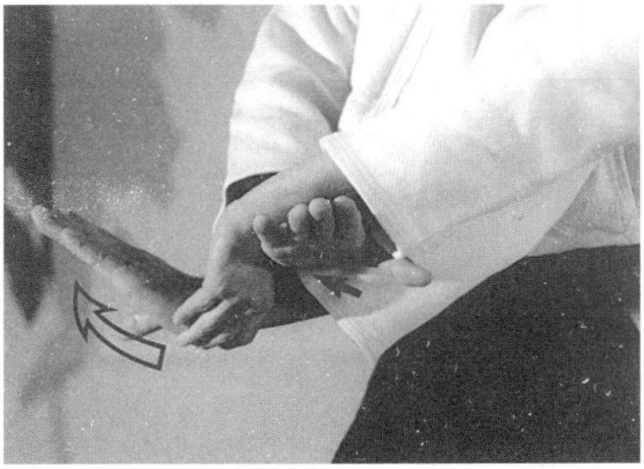

2

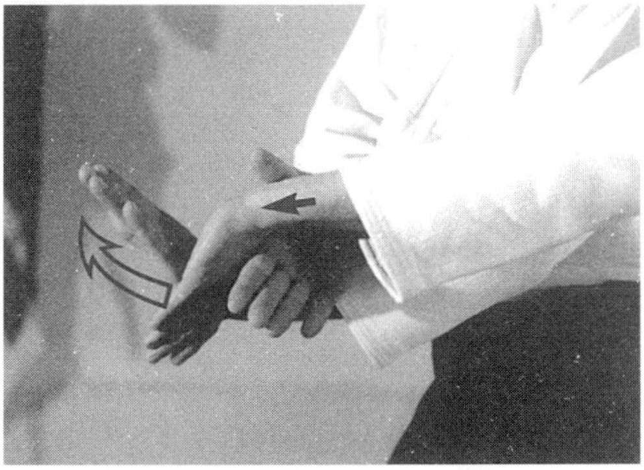

3

4

Yokomen uchi kote gaeshi

Wie beim Yokomen uchi shiho nage wird Ukes Kraft nicht «pariert» oder «geblockt», sondern in einer Kreisbewegung aufgenommen (siehe Zeichnung). In der fortgeschrittenen Praxis ist es auch möglich, die Kraft des Gegners aufzunehmen, indem man einen kurzen Schritt zurück seitwärts nach innen mit dem rechten Bein macht.

Die Bewegung endet mit einem Wurf vorwärts. Hier muß Uke das Handgelenk (und natürlich den ganzen Körper) unbedingt entspannen.

Oft springen übereifrige Schüler, noch bevor der Hebel wirkt. Dies ist nicht zu empfehlen, da auf der Matte auch andere üben und Tori dann nicht rechtzeitig die Bewegung stoppen kann, um eine Kollision zu vermeiden. Außerdem entsteht kein Energieaustausch zwischen den beiden; es ist dasselbe, als ob sie unabhängig voneinander übten.

Um dem Anfänger ein besseres Verständnis dieser Bewegung zu ermöglichen, wurde sie hier in ihrer großen Form abgebildet.

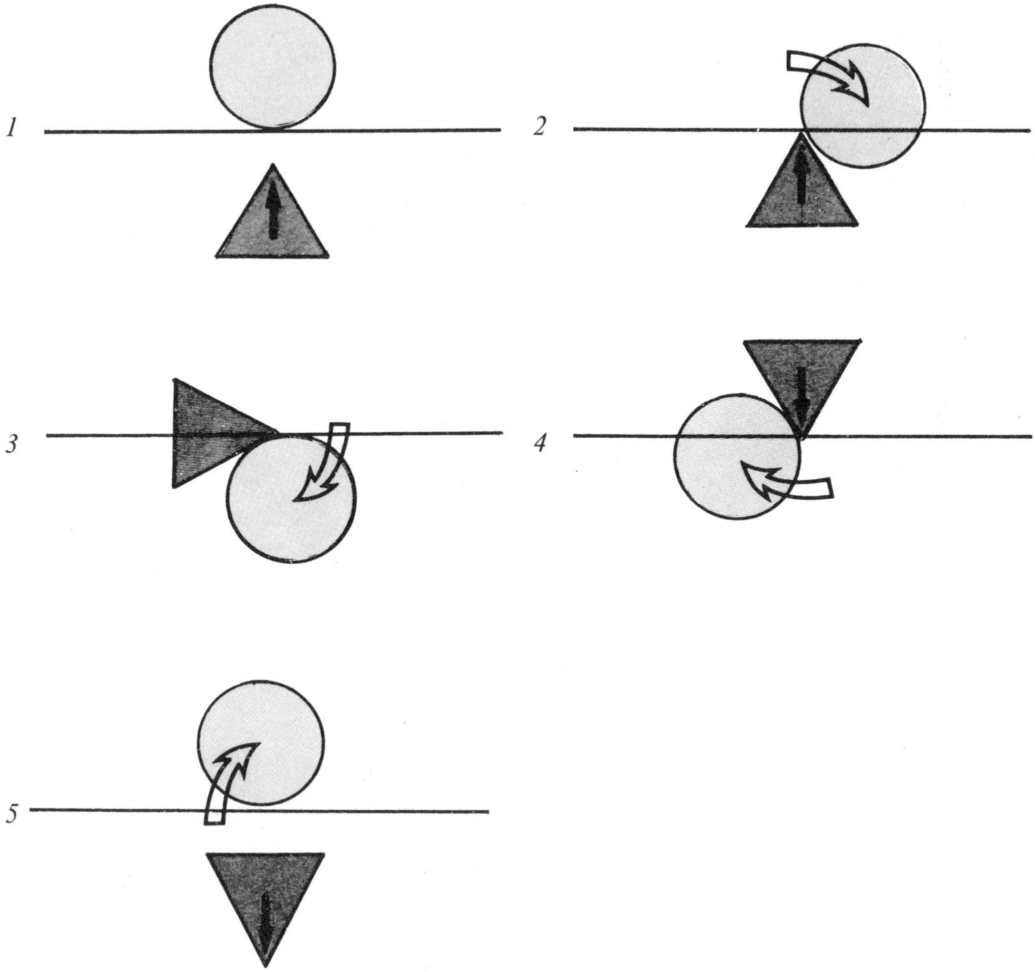

Yokomen uchi kote gaeshi

1

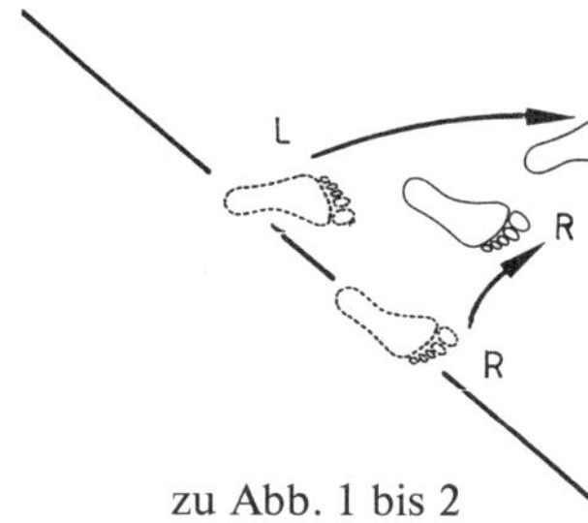

zu Abb. 1 bis 2

2

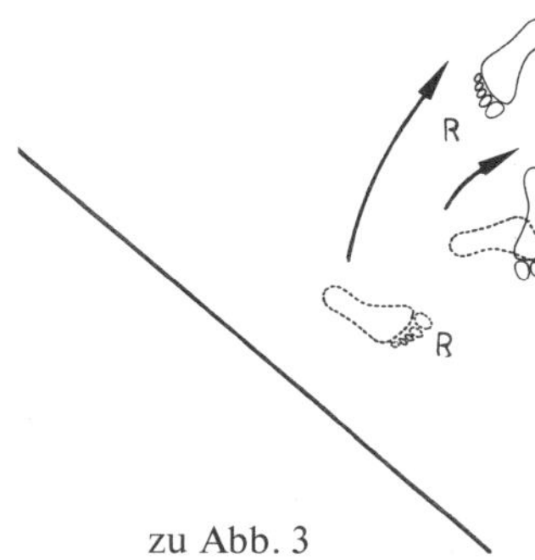

zu Abb. 3

3

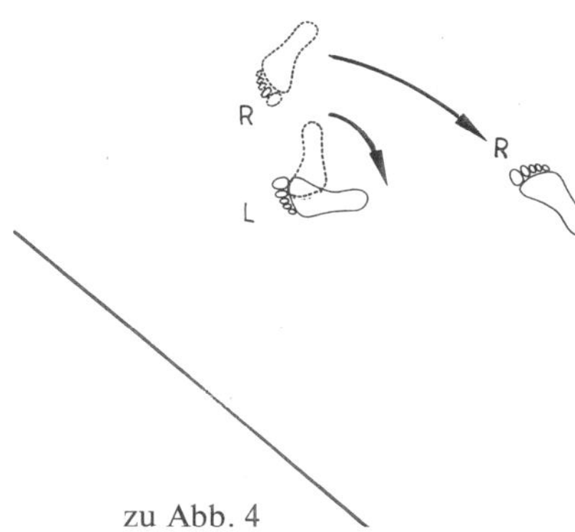

zu Abb. 4

4

5

11

10

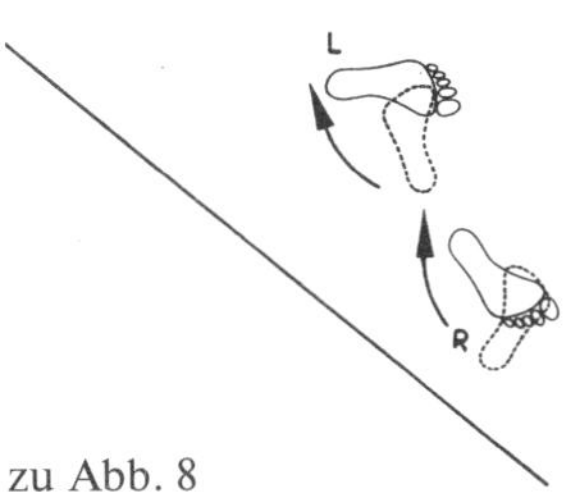

zu Abb. 8

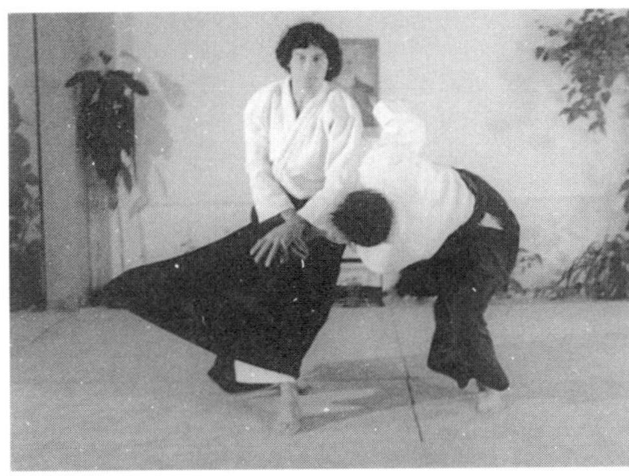
9

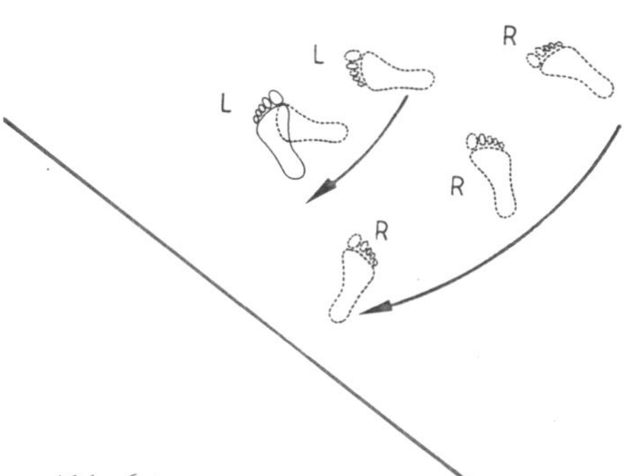

zu Abb. 6

8

6

7

Chudan tsuki kote gaeshi

Gleiche Ausgangsstellung wie bei Ai hanmi katate tori. Bevor man diese Bewegungsform übt, sollte man die vorausgegangenen beherrschen. Uke sollte vorher die Schlagtechnik sorgfältig üben und dabei darauf achten, daß der Stoß dynamisch ist und Hand und Fuß zusammen bewegt werden.

1

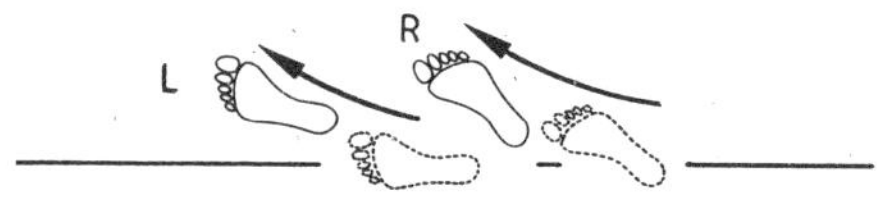

zu Abb. 2

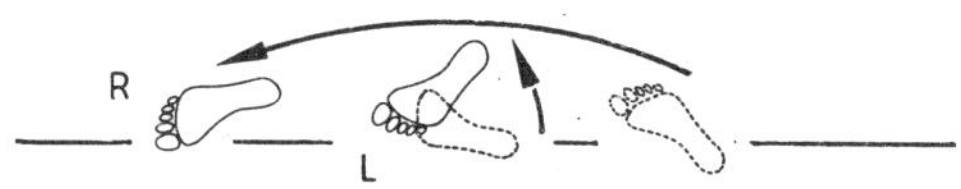

zu Abb. 3

2

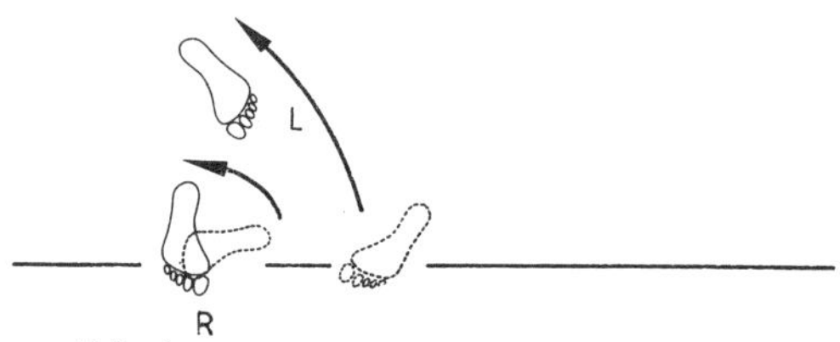

zu Abb. 4

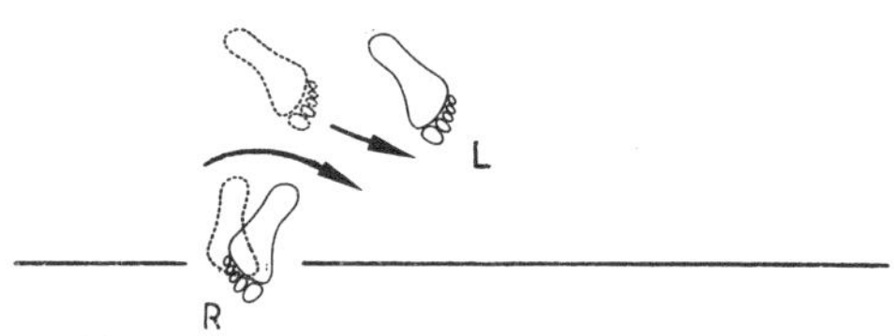

zu Abb. 5

3

4

5

Details siehe S. 186.

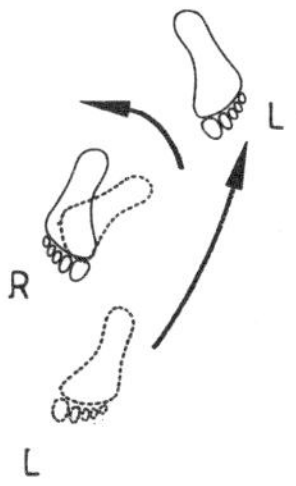

zu Abb. 9

9

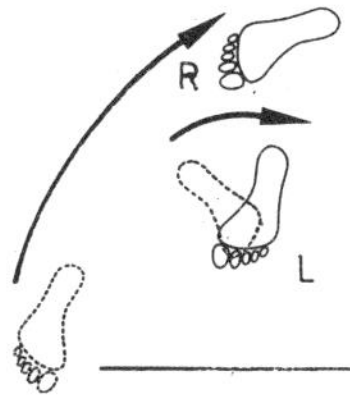

zu Abb. 7

8

6

7

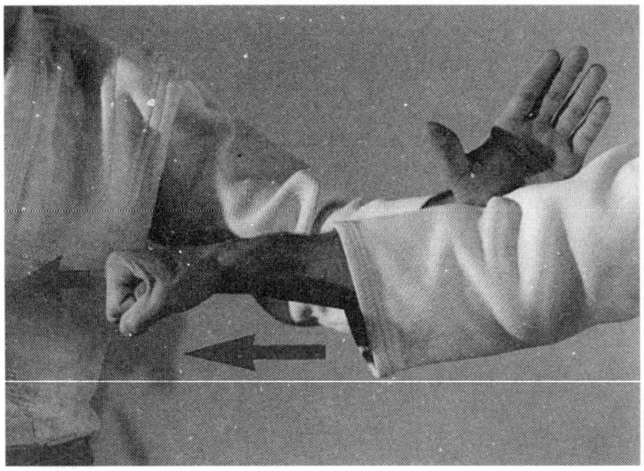

3a

Details zu Chudan tsuki kote gaeshi.

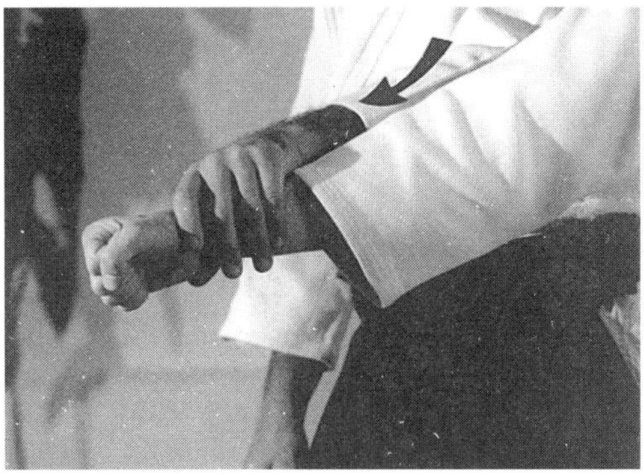

4a

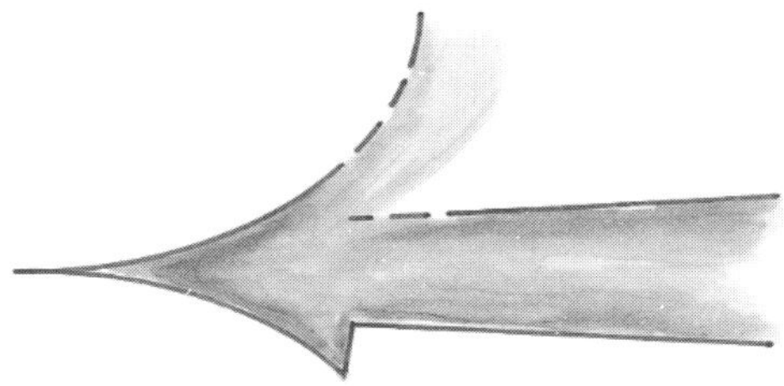

Lenkung der Angriffskraft in chudan
tsuki kote gaeshi:

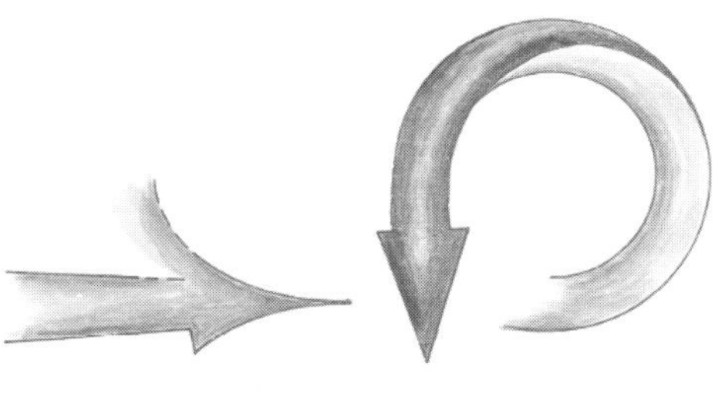

Wurftechniken

IRIMI NAGE

Ai hanmi katate tori irimi nage

1

2

Abb. 1 bis 4: Während Uke mit der rechten Hand Toris rechte Hand anfaßt, führt letzterer Tai sabaki aus.

3

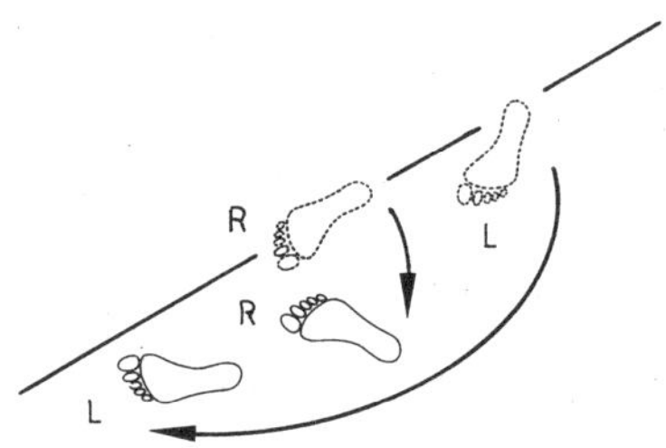

4

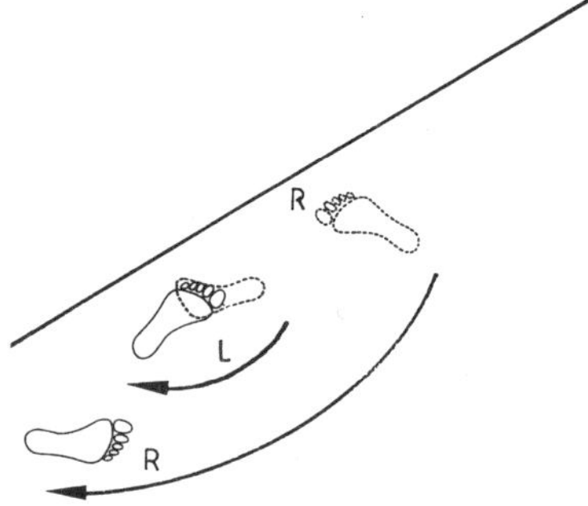

zu Abb. 4 bis 6

5

Abb. 5: Tori bringt Ukes Kopf an die rechte Schulter.

Abb. 6 und 7: Tori läßt Uke in die Bewegung hineinlaufen, während die Hüfte sich um weitere 180° dreht (Henka). Der Arm bewegt sich, als striche er über die Oberfläche einer Kugel. Uke wird damit nach oben und wieder nach unten gebracht.

6

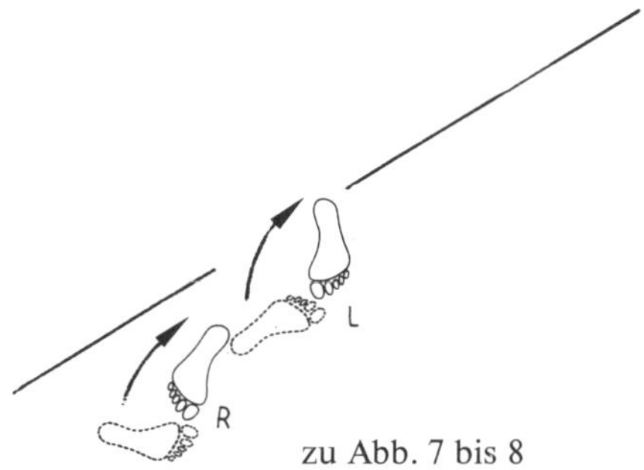

zu Abb. 7 bis 8

7

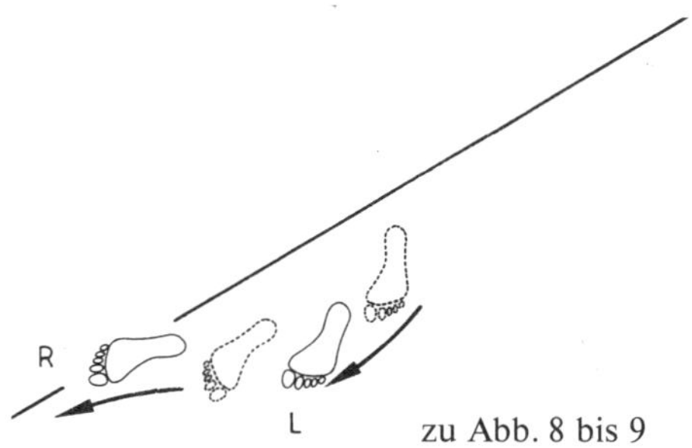

zu Abb. 8 bis 9

8

9

1

Shomen uchi irimi nage
Gleiche Ausgangsstellung wie bei Ai hanmi katate tori irimi nage auf Seite 190.

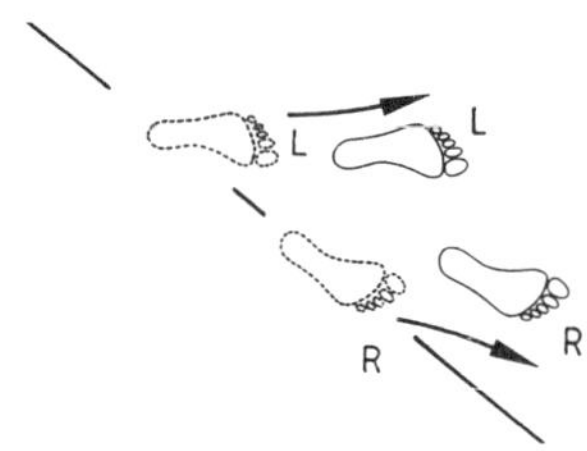

Toris Vorwärtsschritt muß so ausfallen, daß eine zu Uke parallele Position eingenommen werden kann, während der Schlag die maximale Intensität erreicht, (Diagramme beachten). Im übrigen verläuft die Bewegung wie bei Ai hanmi katate tori.

2

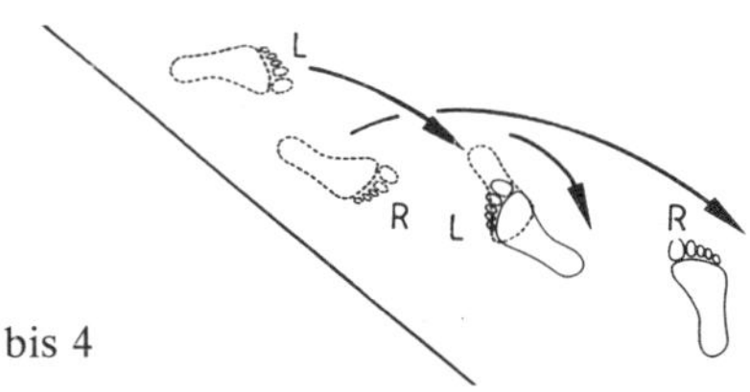

zu Abb. 2 bis 4

3

4

Man stellt sich hier eine Kugel vor (von oben gesehen). Das Dreieck stellt die Angriffskraft des Uke dar.

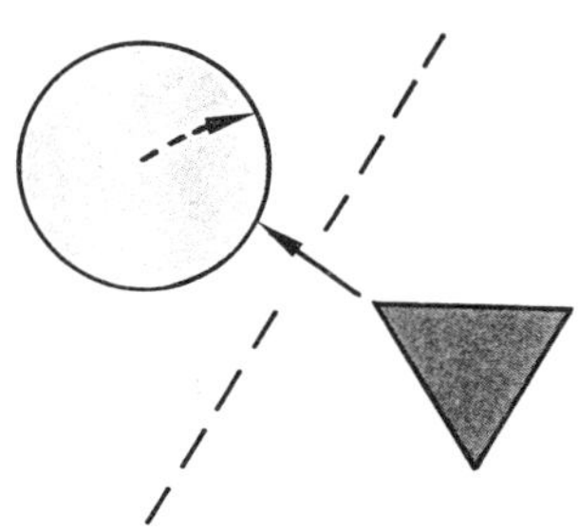

zu Abb. 1

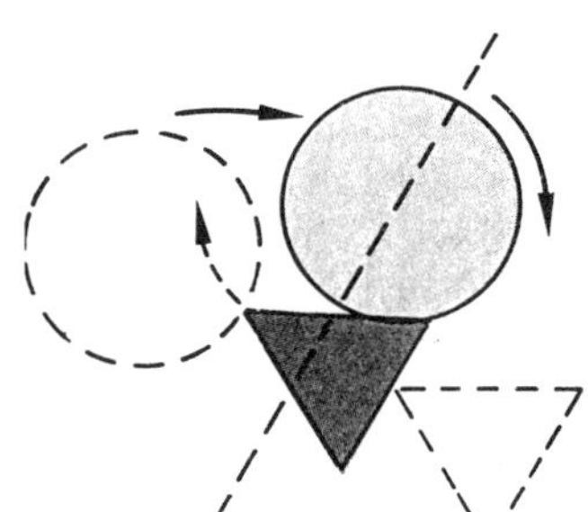

zu Abb. 3

9

8

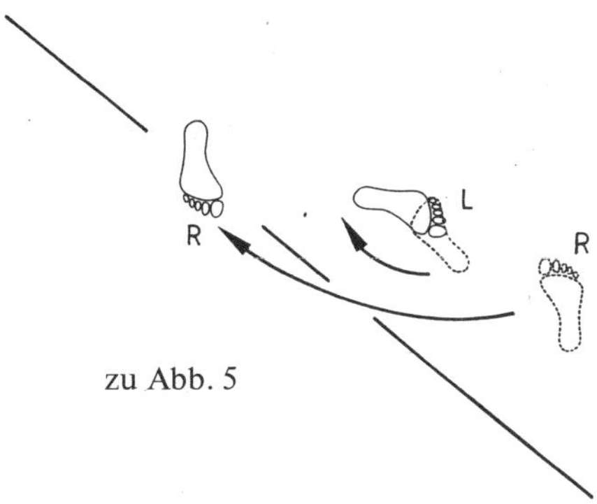

zu Abb. 5

7

5

6

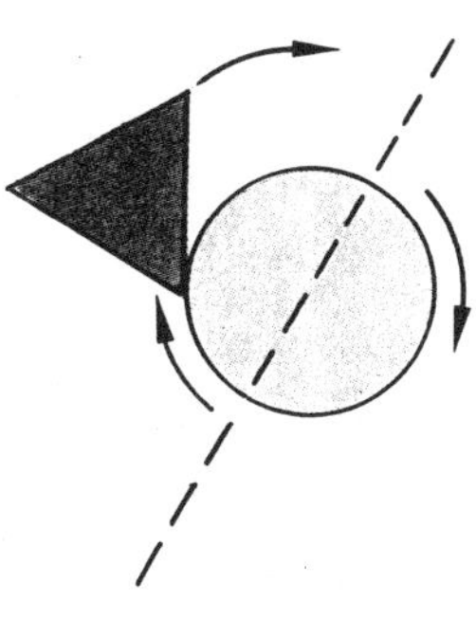

zu Abb. 4

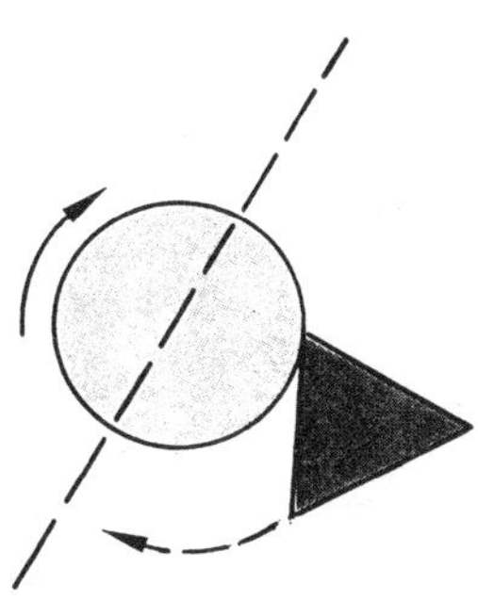

zu Abb. 5

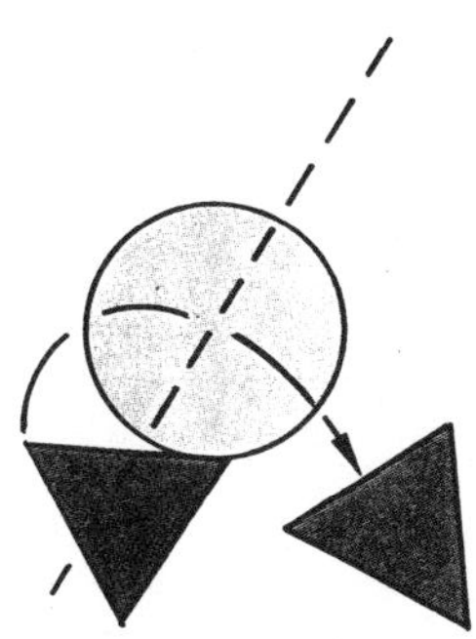

zu Abb. 6

Chudan tsuki irimi nage
(Direkter Eingang)

Während Tori nach vorn gleitet, hebt er den Arm kreisförmig nach oben (Arm ist entspannt und das Ki fließt hindurch). Der Handballen ist entspannt.

1

2

3

4

5

6

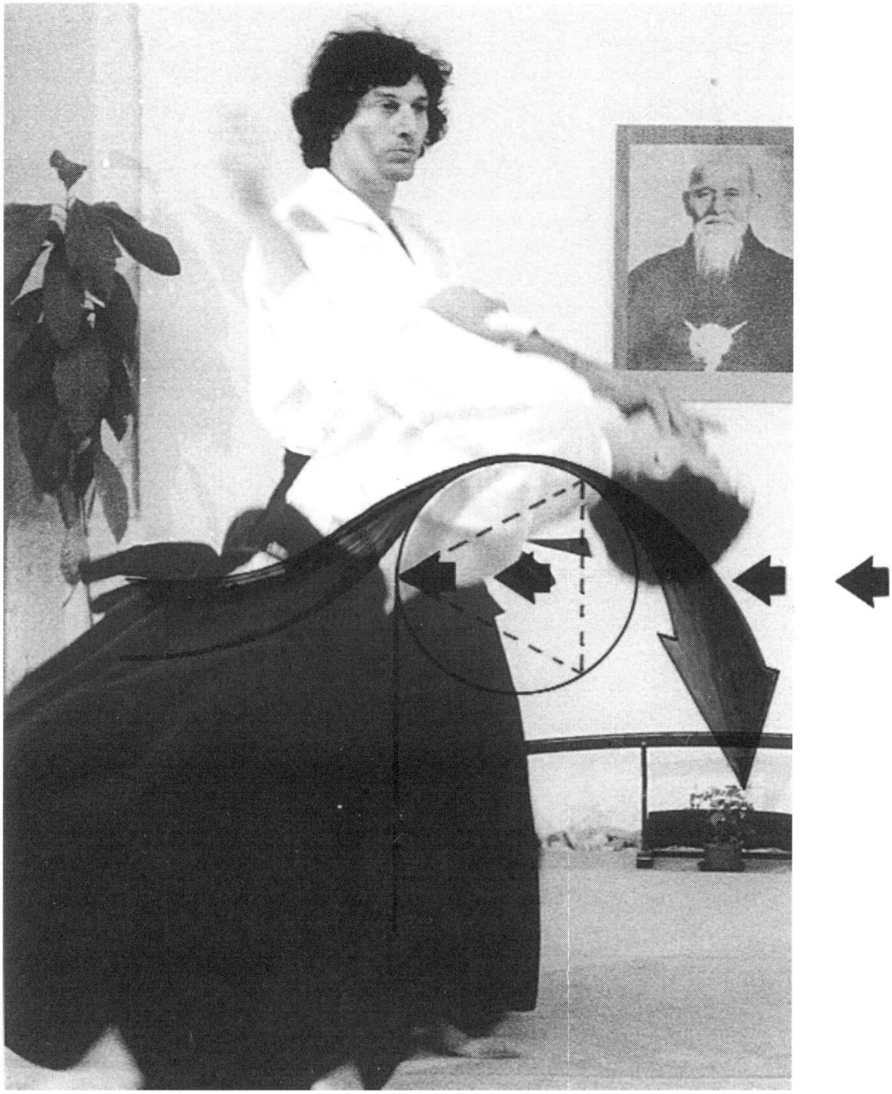

Lenkung der Kraft in Irimi nage

Ushiro katate tori irimi nage

Abb. 2 bis 6: Uke versucht, von vorn das Handgelenk von Tori zu fassen. Es gelingt ihm nicht, und um Atemi zu vermeiden, versucht er, von hinten beide Handgelenke zu greifen. In diesem Fall läßt Tori nur das rechte Handgelenk fassen.

1

2

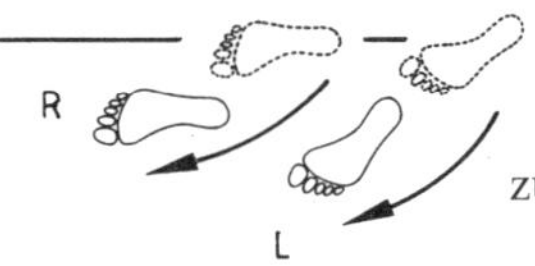

zu Abb. 2

3

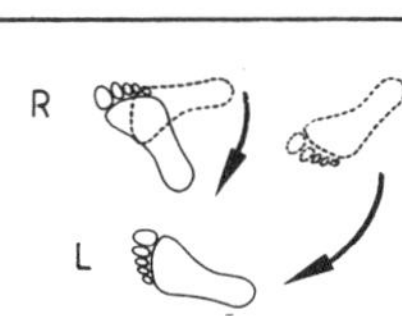

zu Abb. 3 bis 4

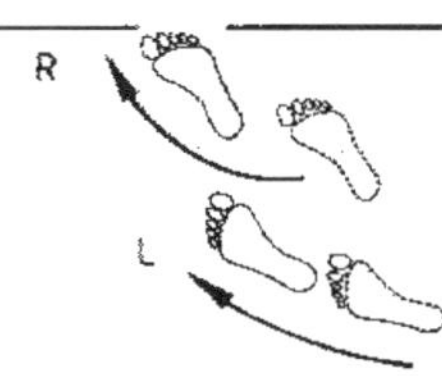

zu Abb. 5

4

5

Details zum Bewegungsablauf auf S. 199.

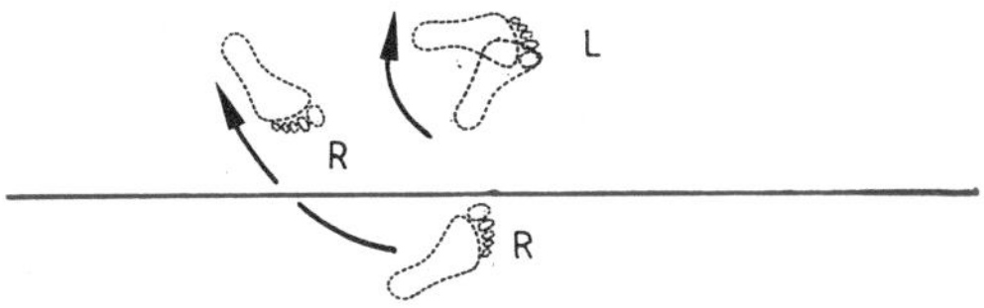

10

Abb. 7 und 8: Tori führt seinen von Uke gehaltenen Arm über den eigenen Kopf.

9

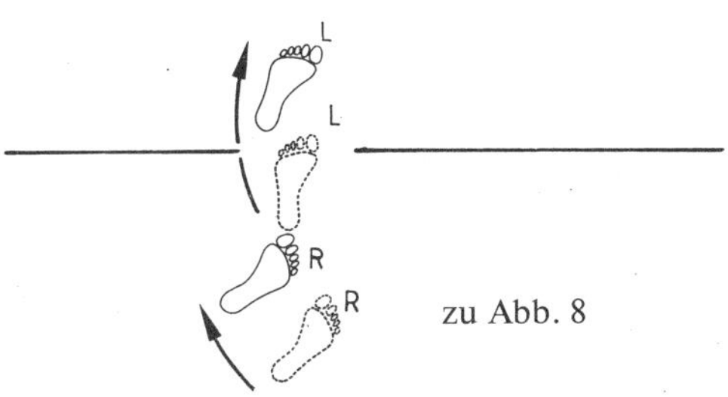

zu Abb. 8

8

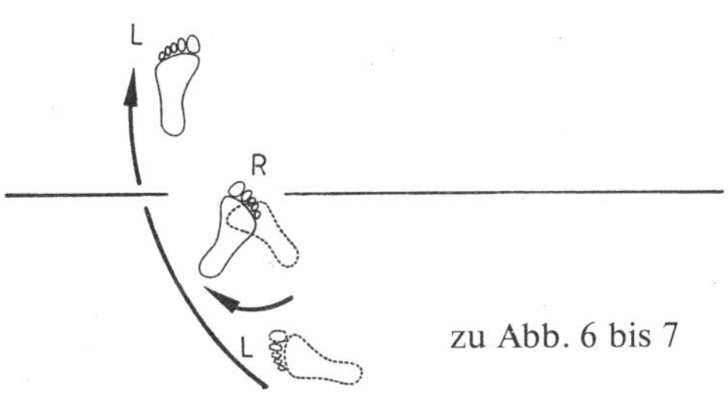

zu Abb. 6 bis 7

6

7

11

Toris Hüfte dreht sich mit dem rechten Fuß um 180° (Tenkan). Ukes Kopf an die rechte Schulter bringen.

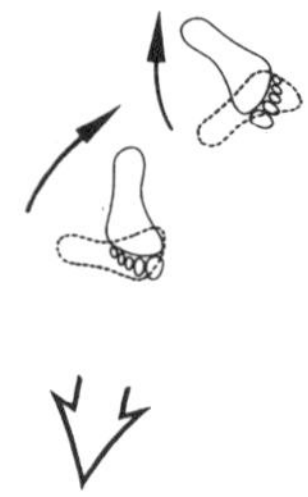

12

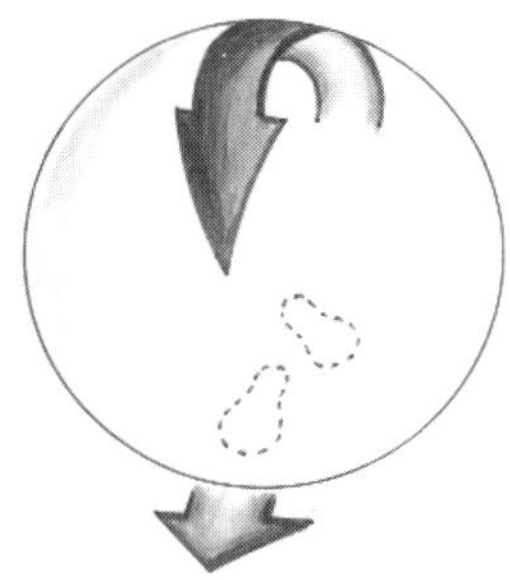

13

14

Werfen wie bei den vorausgegangenen Bewegungen.

Details zu den Abbildungen 5, 6, 8, 10 und 11

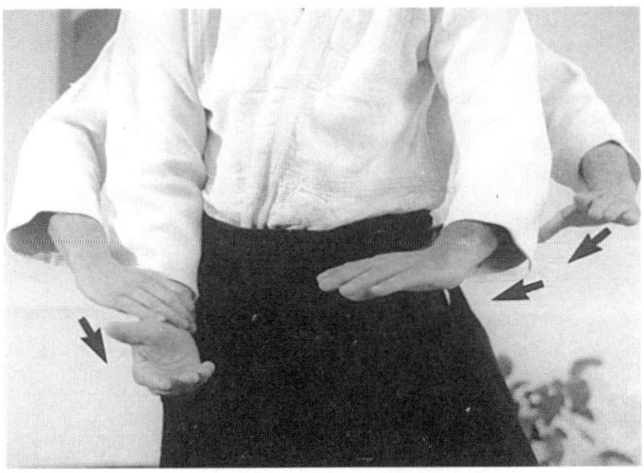
5a

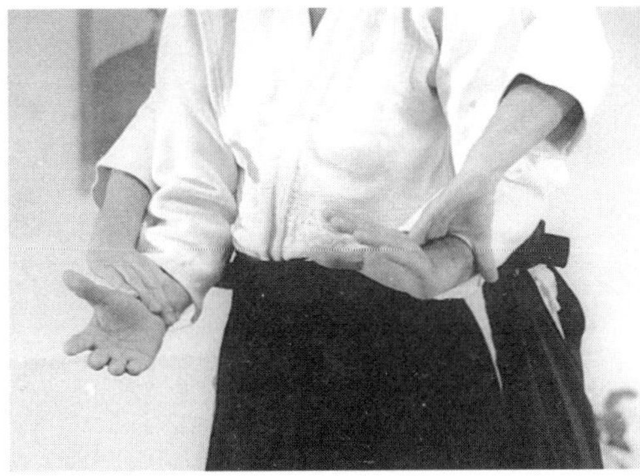
6a

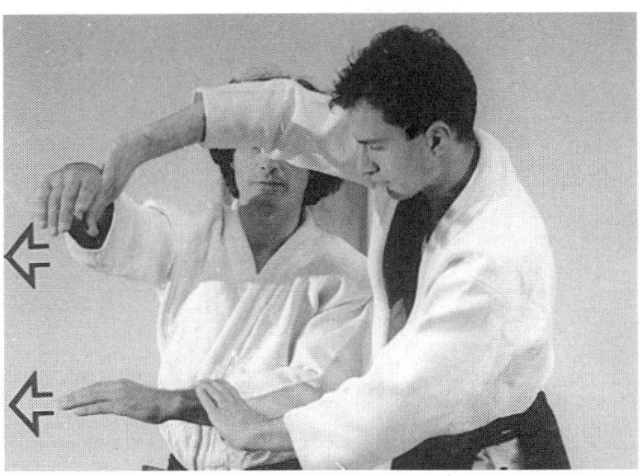
8a

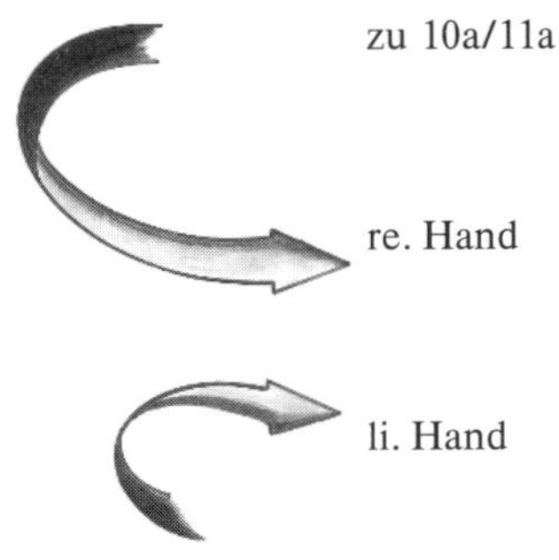

0a

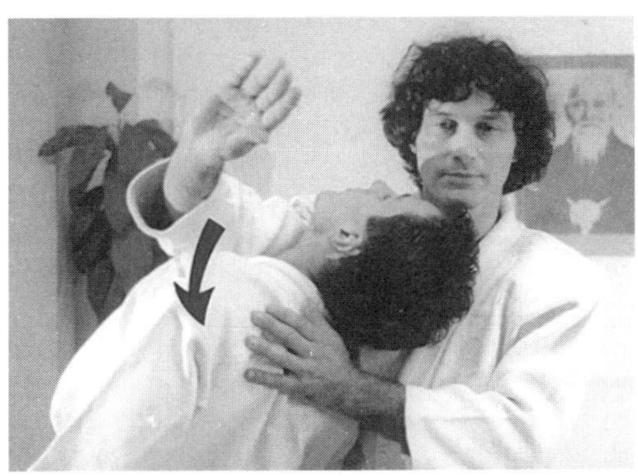
11a

KOSHI NAGE

Gyaku hanmi katate tori koshi nage

1

Abb. 1 bis 3: Nachdem Tori Atemi ausgeführt hat, bringt er die Hüfte senkrecht nach unten.

2

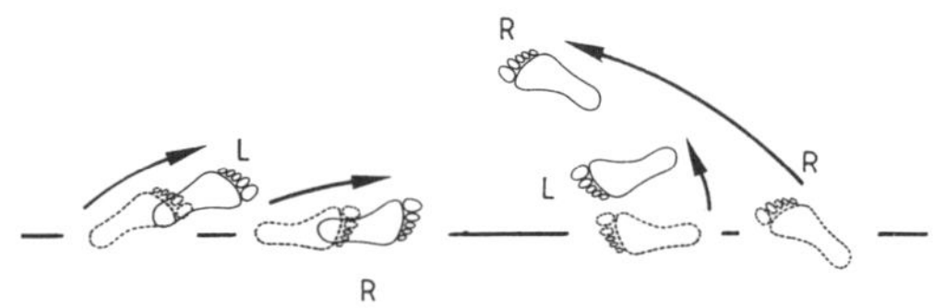

3

4

Abb. 4: Der Arm ist bogenförmig gestreckt, der Blick zunächst nach oben auf die Hand gerichtet.

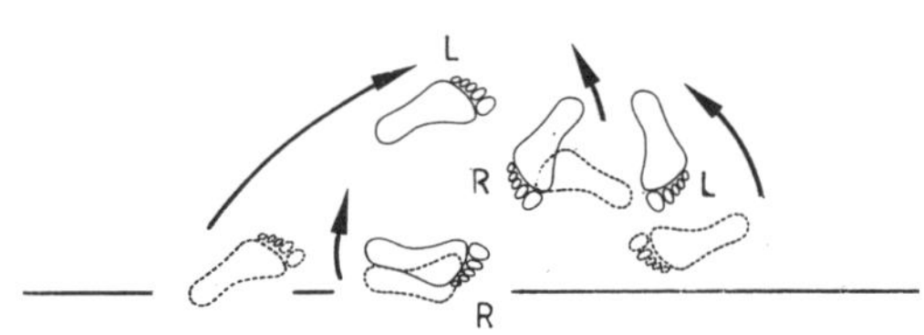

5

6

7

Abb. 7: Während Uke fällt, den Körper senkrecht aufrichten.

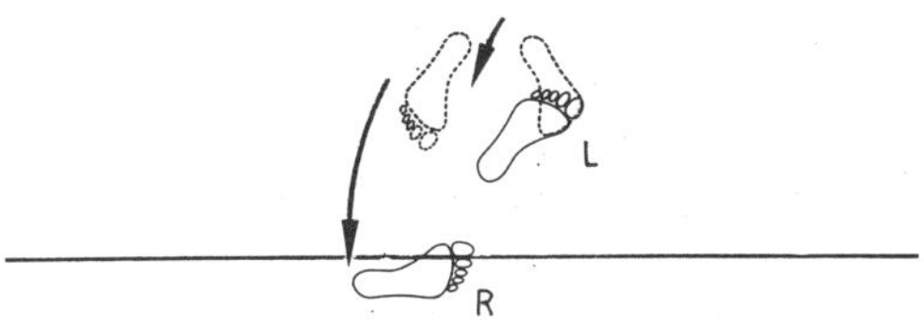

Details auf S. 204.

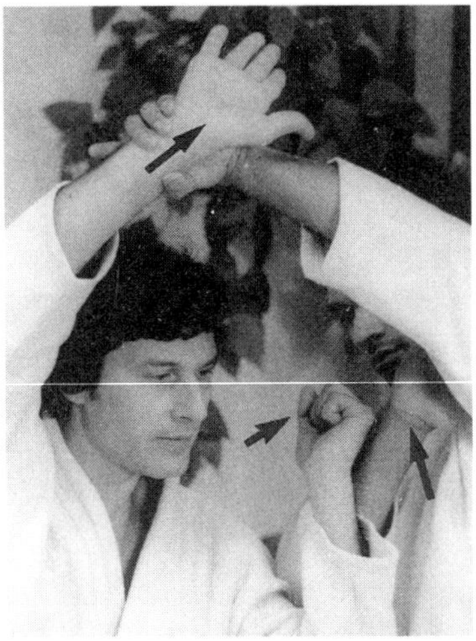

3a

Detail zu Abb. 3 (Atemi waza).

4a

Detail zu Abb. 4.

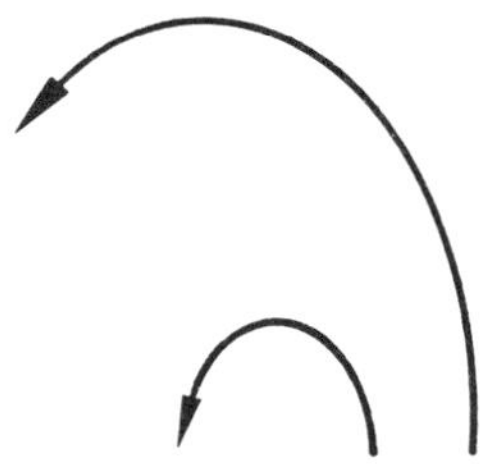

Die korrekte Position der Füße.

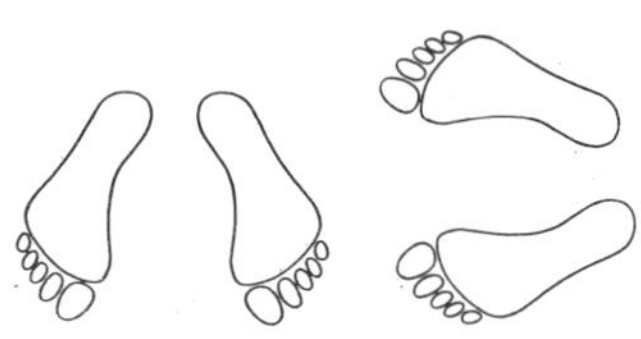

Shomen uchi koshi nage

1

2

Abb. 2: Tori richtet die linke Hand auf Ukes Mitte, während Uke schlägt.

3

Abb. 3: Den Körper senkrecht nach unten führen.

4

5

Ushiro katate tori koshi nage

In dieser Bewegung läßt man beide Hände von hinten greifen.

1

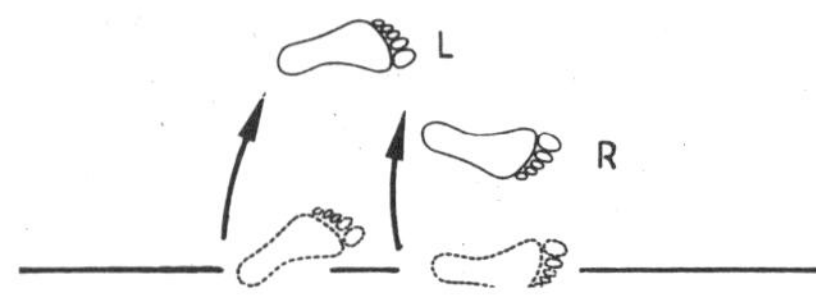

2

3

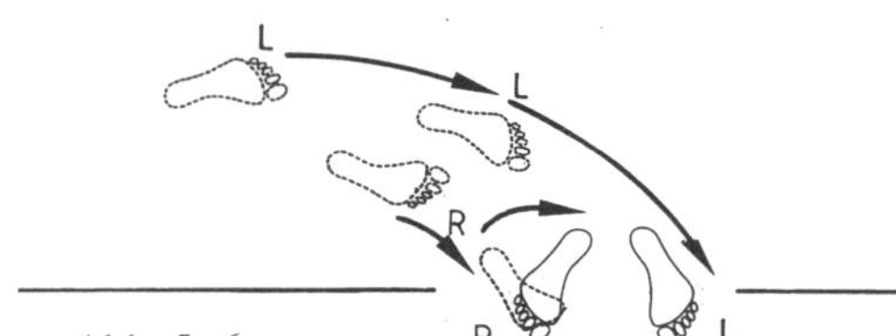

zu Abb. 5–6

4

5

6

6a

7

7a

8

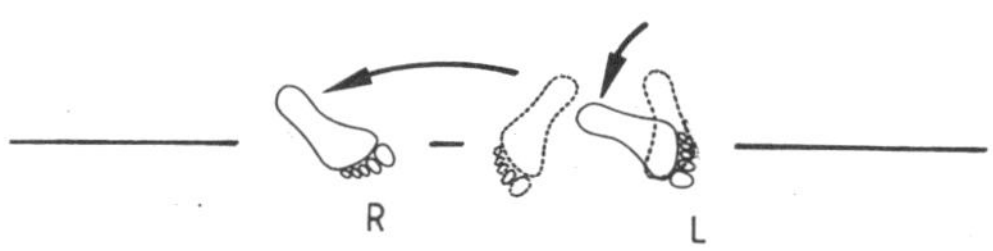

zu Abb. 8

9

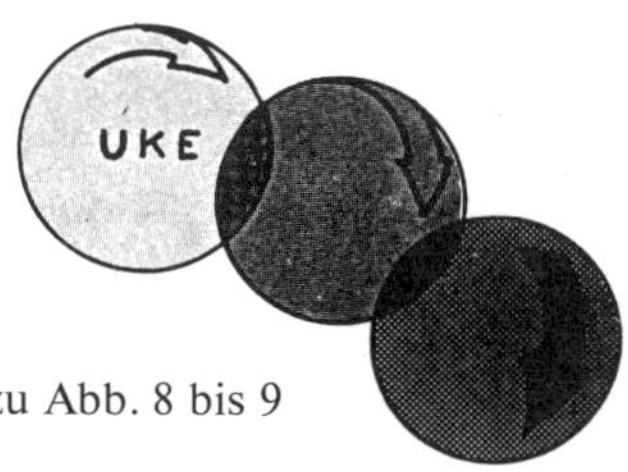

zu Abb. 8 bis 9

TENCHI NAGE

1

2

3

4

Ryote tori tenchi nage

Der Name dieser Bewegung bezieht sich auf die Form der Ausführung, wobei Ukes und Toris vereinigtes Ki nach oben, in Himmelsrichtung, dann nach unten zur Erde geführt wird.
(*Ten* = Himmel / *Chi* = Erde. *Tenchi nage* = Himmel-Erde-Wurf)

Abb. 1 und 2: Uke faßt beide Handgelenke von Tori von vorn.

zu Abb. 1 bis 3

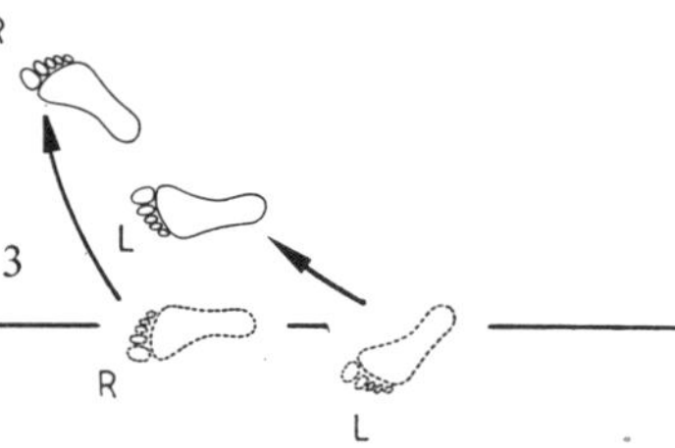

Abb. 3: Toris rechter Fuß gleitet schräg nach vorne rechts. Gleichzeitig führt die rechte Hand in dieselbe Richtung nach unten. Uke wird dadurch aus der Balance gebracht. Gleichzeitig führt die linke Hand nach oben.
Abb. 4: Der linke Fuß wird neben den rechten, dann schräg nach links hinter Ukes Körper gebracht. Die Bewegung endet mit einem Wurf.

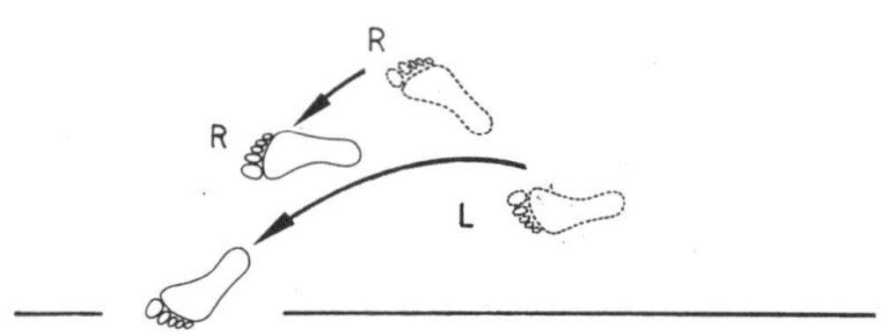

zu Abb. 4

5

Tenchi nage gegen Kombinationsangriff Ryote tori mae geri

Die Bilder zeigen die praktische Verwendung von Tenchi nage gegen einen mit Fußstoß kombinierten Angriff.

1

2

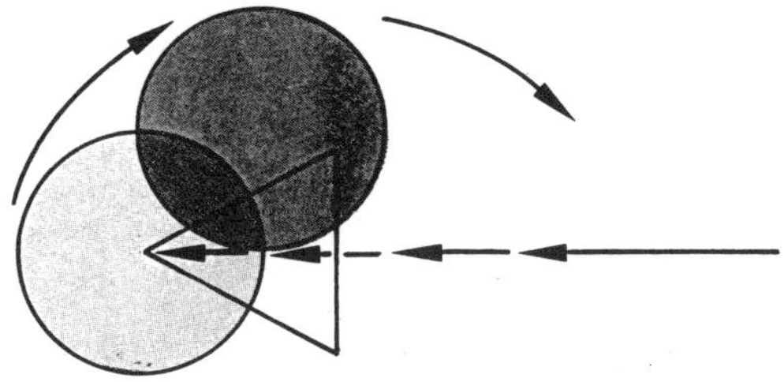

Oben u. unten: zu Abb. 2 bis 3

3

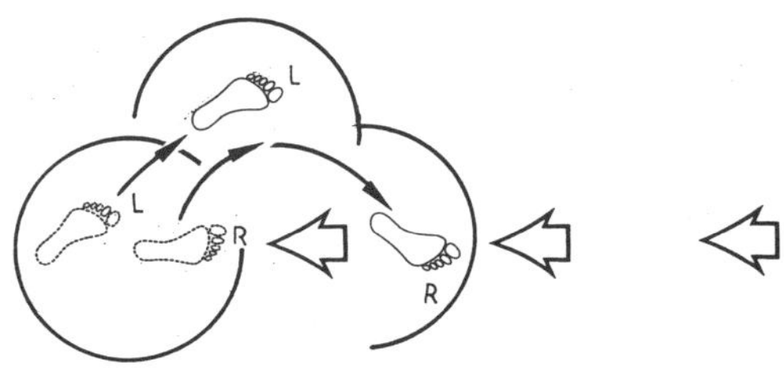

KAITEN NAGE

Gyaku hanmi katate tori kaiten nage

1

Abb. 1: Ukes linke Hand faßt Toris rechtes Handgelenk. Tori gleitet mit dem rechten Fuß schräg nach rechts vorn.

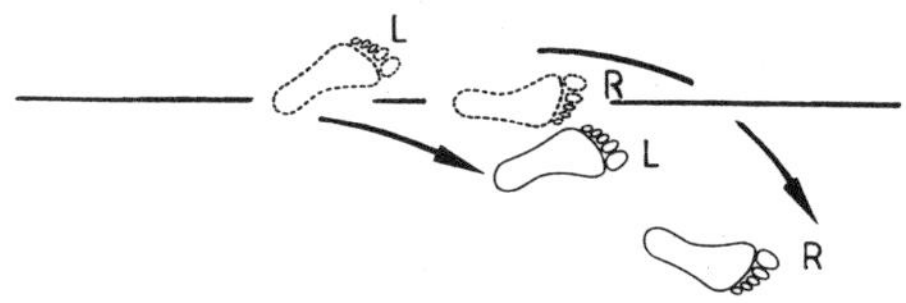

2

Abb. 2 und 3: Die rechte Hand wird nach oben geführt, während die linke Hand Atemi andeutet.

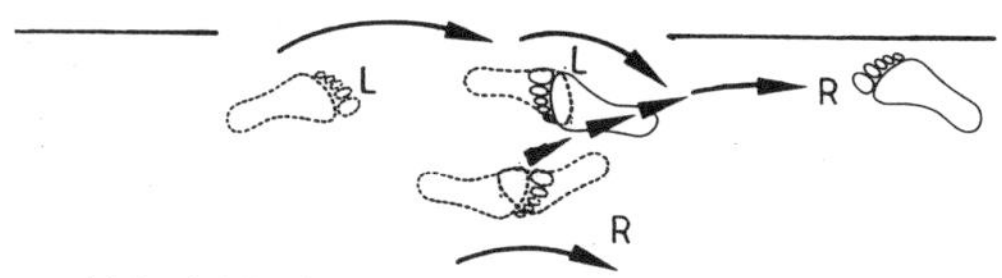

zu Abb. 3 bis 6

3

4

Abb. 4: Nachdem man einen Schritt nach vorn gemacht hat, dreht sich die Hüfte um 180°.

5

Abb. 5: Das rechte Bein wird nach hinten geführt; gleichzeitig bringt die Rechte Hand Ukes Arm in einer Kreisbewegung nach unten.

6

Abb. 6 und 7: Die linke Hand wird zu Ukes Hals geführt; dabei achtet Tori darauf, den rechten Ellenbogen nicht zu sehr zu beugen (siehe auch Details auf der nächsten Seite).

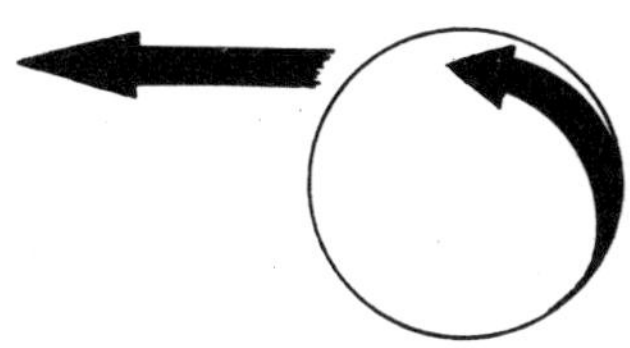

7

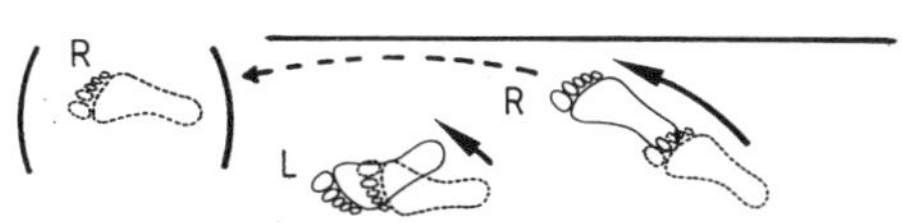

8

Abb. 8: Jetzt streckt Tori den rechten Arm nach vorn, gleichzeitig dreht sich die Hüfte um 90° in dieselbe Richtung. Die Bewegung endet mit einem Wurf.

Details zu diesem Bewegungsablauf auf S. 216–217.

Details zu Gyaku hanmi katate tori kaiten nage

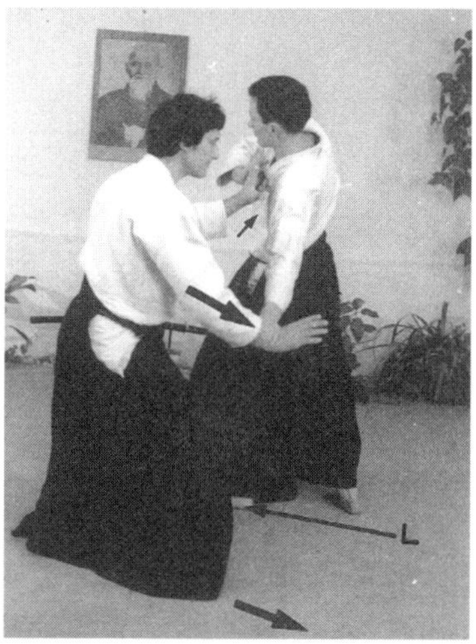

2a

2b

4a

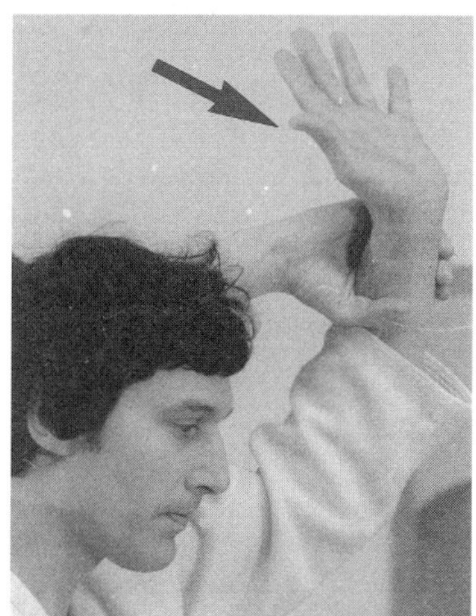

4b

6a

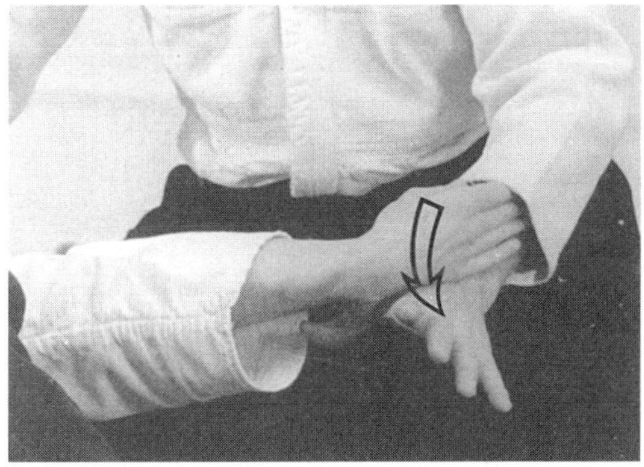
6b

6c

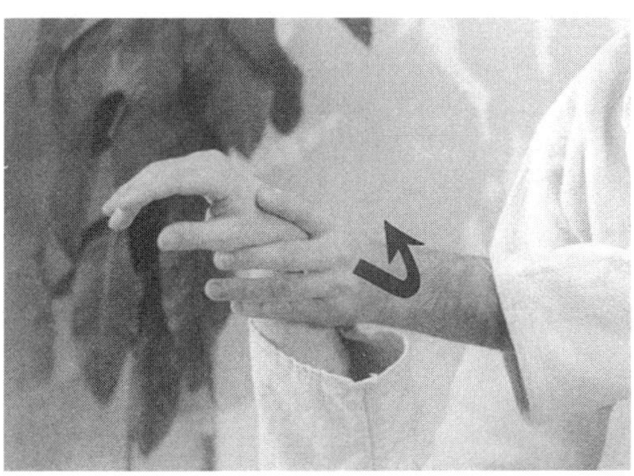
7a

7b

Shomen uchi kaiten nage

1

Abb. 1: Uke greift mit Shomen uchi an.

2

Abb. 2 und 3: Tori gleitet schräg nach vorn (Irimi), gleichzeitig führt er die rechte Hand zu Ukes Handgelenk.

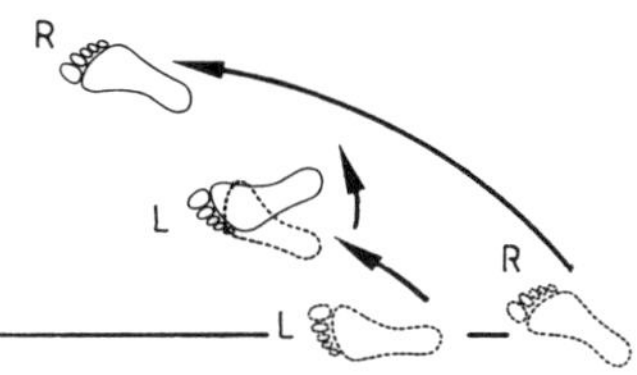

3

4

Abb. 4: Toris Hand dreht kreisförmig weiter, dadurch wird Uke nach unten gebracht. Währenddessen wird die linke Hand an Ukes Hals geführt.

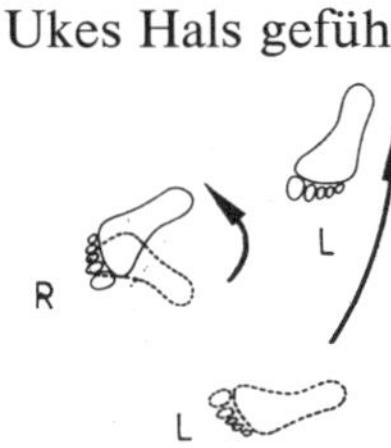

5

Wie bei der vorausgegangenen Bewegung, wird durch die Dehnung der Hüfte um 90° und das Strecken des Armes Uke zu Fall gebracht.

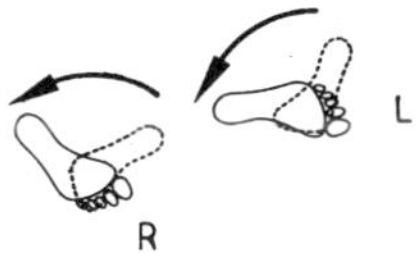

6

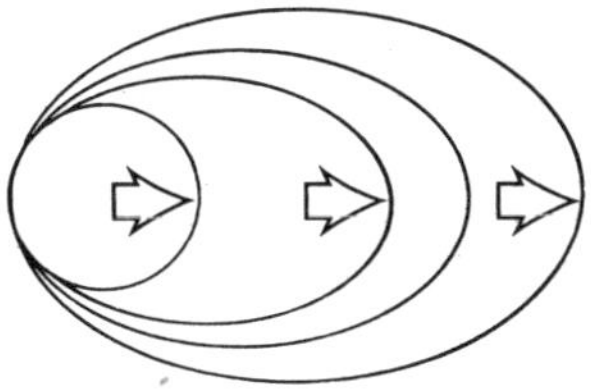

a)

a) Detail: zwischen 2 und 3

b)

b) Detail: zwischen 3 und 4

KOKYU NAGE

Shomen uchi kokyu nage

Allgemeiner Hinweis: Alle Kokyu-nage-Techniken sollten erst geübt werden, wenn die Falltechnik ausgereift ist.

Abb. 1: Uke greift mit Shomen uchi an.

Abb. 2 und 3: Während beide Hände des Tori Ukes Ellenbogen und Handgelenk kontrollieren (siehe auch Ikkyo), gleitet der linke Fuß schräg nach vorn rechts. Die Hüfte dreht sich dann um180° (Henka), während der ganze Körper senkrecht nach unten geht.

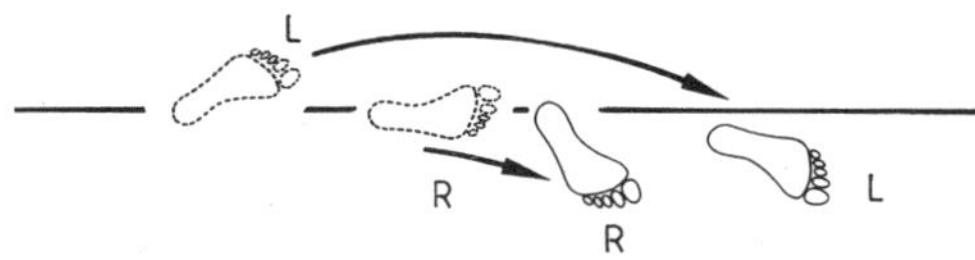

Während der ganzen Bewegung kontrollieren die Hände Toris Ukes Arm, jedoch ohne ihn zu greifen.

Abbildung 3 vermittelt den Eindruck, Uke könnte mit seiner linken Hand eine Atemi-Technik anwenden. In Wirklichkeit, ist die Beschleunigung während der Bewegung (12 Aufnahmen pro Sekunde) so schnell, daß es für Uke unmöglich ist, derartige Stoßtechniken anzuwenden.

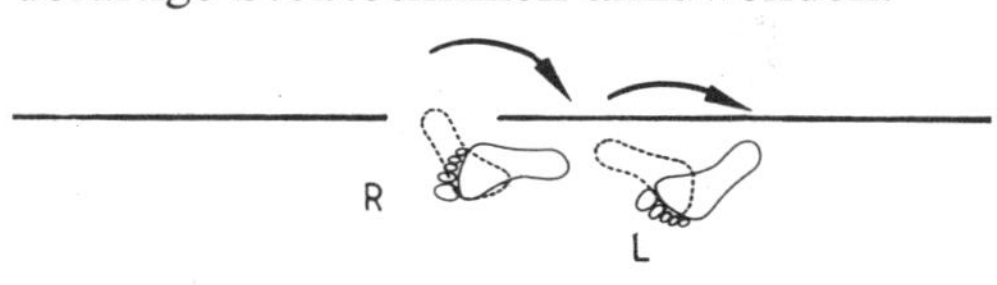

Abb. 4 und 5: Die Hände nach unten führen.

1

2

3

4

5

1

Ushiro kata tori kokyu nage

2

Abb. 2: Uke greift mit beiden Händen Toris Schultern von hinten.

3

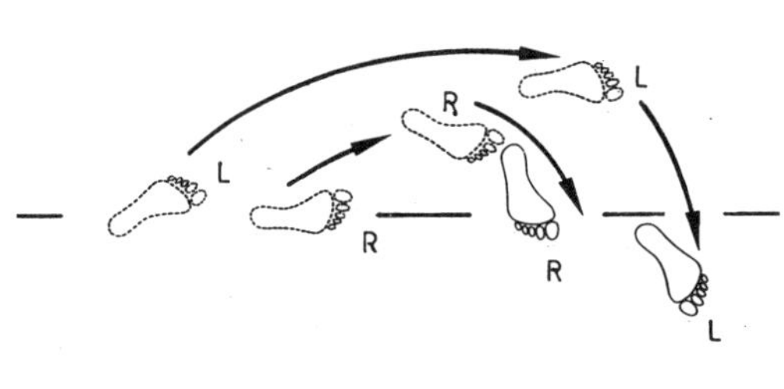

4

Abb. 3 bis 5: Während dies geschieht, führt Tori mit dem linken Fuß eine kreisförmige Bewegung im Uhrzeigersinn aus.

5

6

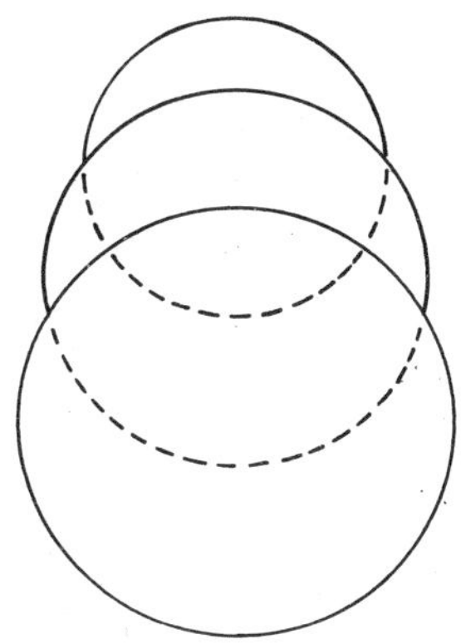

Abb. 5 bis 7: Bevor Uke sein Gleichgewicht wiedererlangen kann, geht Tori senkrecht nach unten, während Uke buchstäblich nach vorn geschleudert wird.

7

SUWARI WAZA

(Techniken im Knien)

Die Suwari-waza-Techniken entstanden aus der Notwendigkeit, in kriegerischen Zeiten aus dem japanischen Fersensitz (Seiza) einen Angriff zu kontern. Ansonsten, bis auf kleine Detailunterschiede, wird die Bewegung ähnlich wie bei der Tachi-waza-Form ausgeführt.
Allgemeiner Hinweis: Oberkörper aufrecht halten, Bauch nach vorn halten.

1

Vorbereitungsübung (SHIKKO)

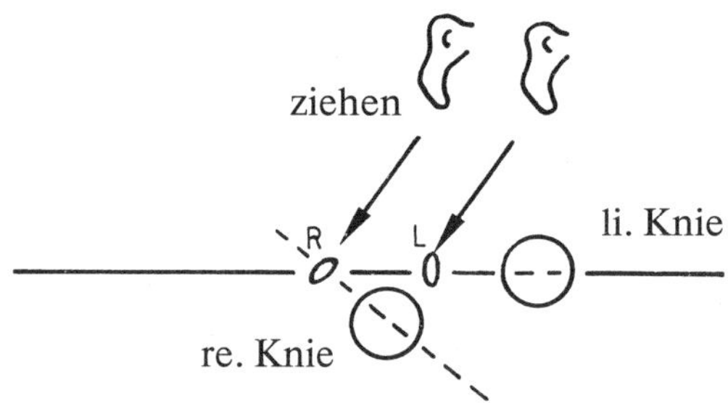

2

Abb. 2 und 3: Zunächst die Hüfte nach vorne rechts drehen, mit dem linken Knie einen Schritt in dieselbe Richtung vornehmen. Den hinteren Fuß nachziehen.

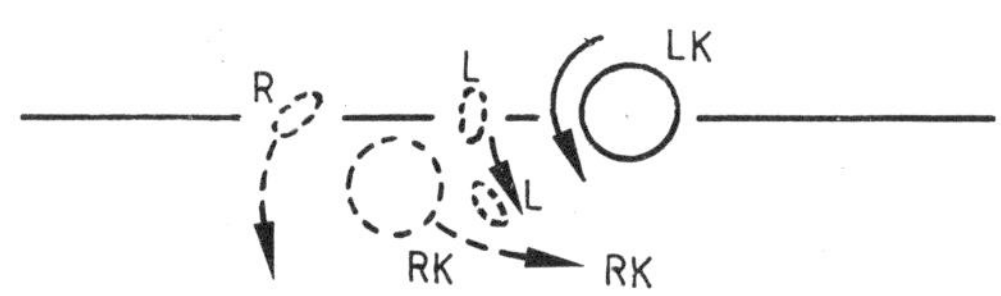

3

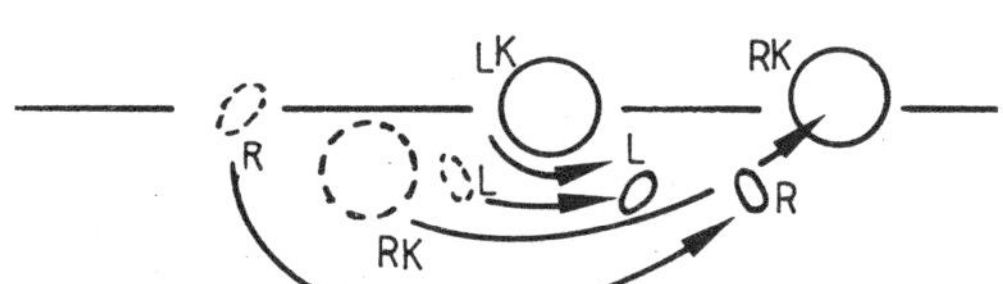

4

Abb. 4 bis 6: Die gleiche Bewegung zur anderen Seite.

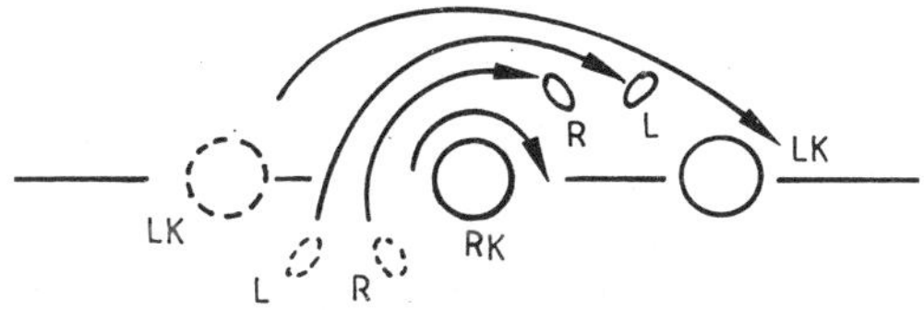

5

6

Kraftrichtung in der Suwari-waza-Technik:

1 2–3 4 5-6

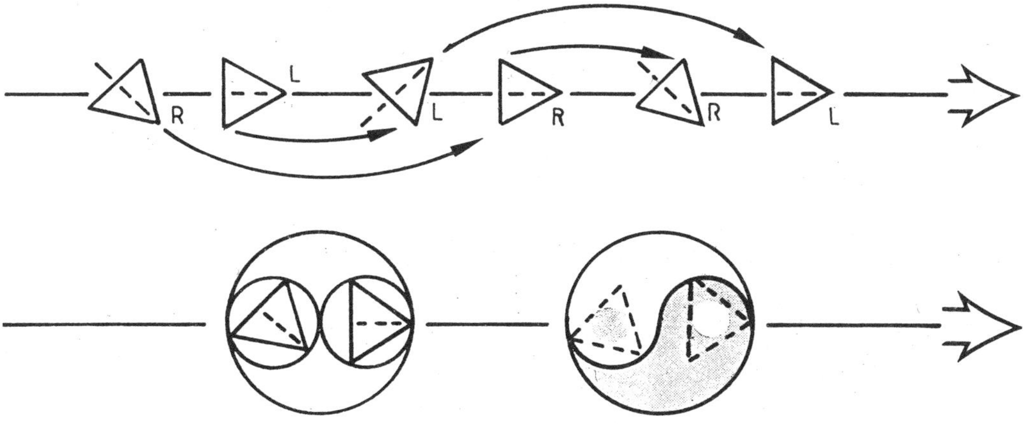

Shomen uchi ikkyo omote

Während Uke mit Shomen uchi links angreift, Ikkyo ausführen. Gleichzeitig einen Schritt nach vorn mit dem rechten Fuß vornehmen. Im übrigen gelten dieselben Hinweise wie für Tachi waza ikkyo (Tachi waza = Techniken im Stehen).

1

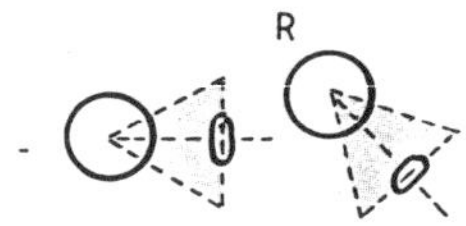

2

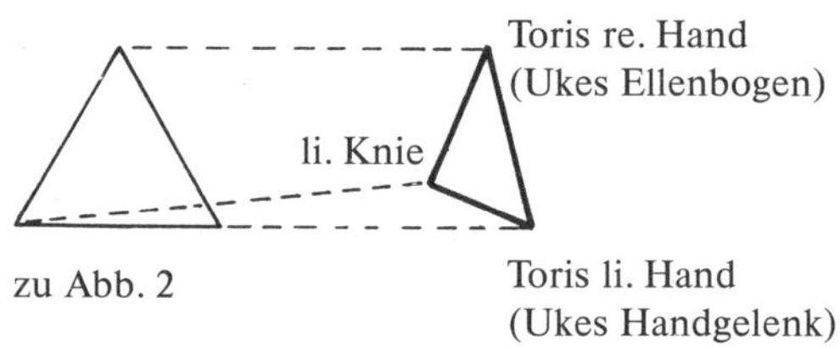

zu Abb. 2

3

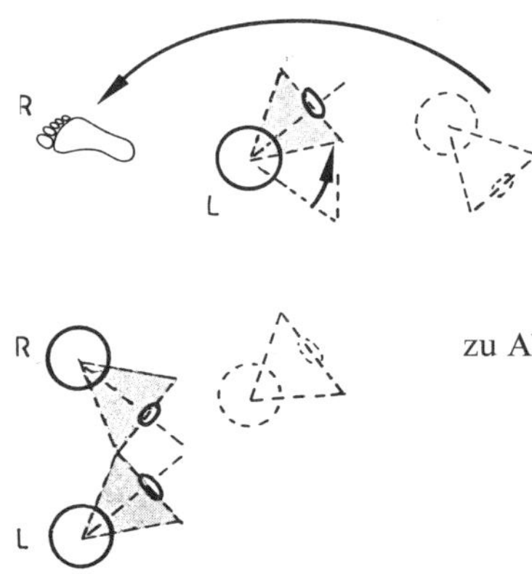

zu Abb. 2 bis 3

4

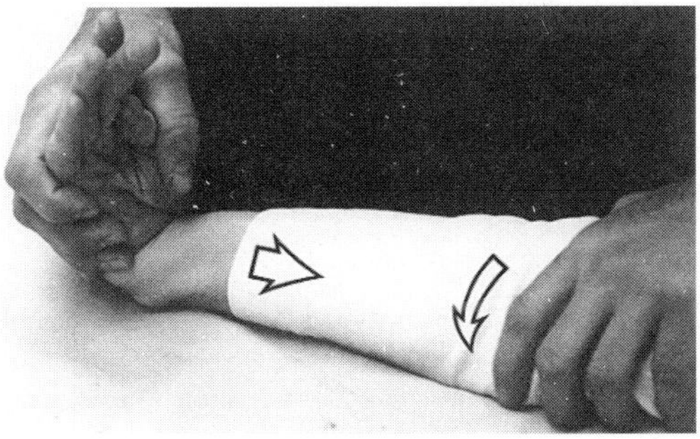

4a

Details zu Shomen uchi ikkyo omote

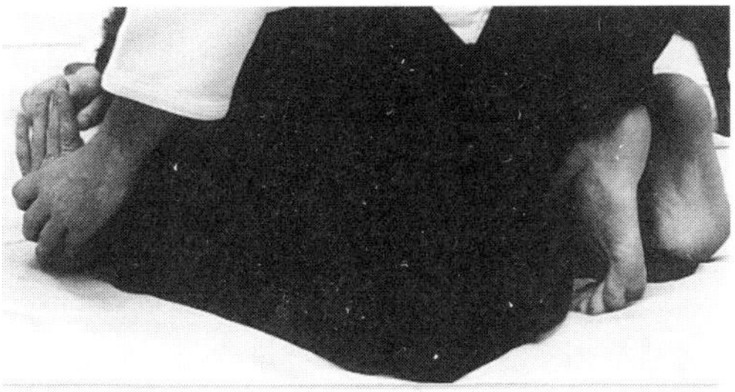

4b

Bei der Haltetechnik die Zehen aufstützen.

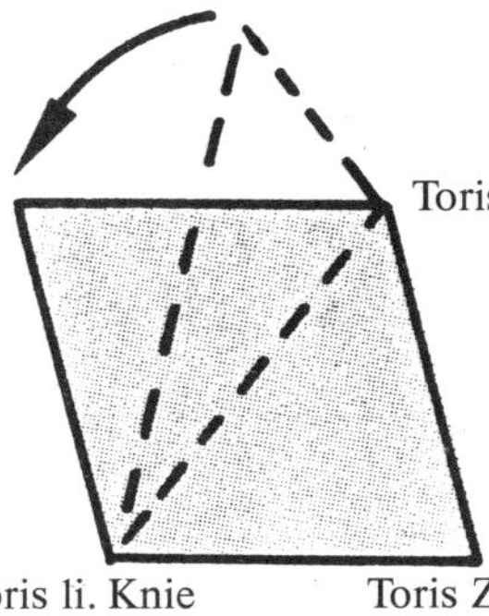

4c

Suwari ikkyo (Ikkyo-Knietechnik)

Suwari ikkyo ist die traditionelle Form, Ikkyo auszuführen. Da der Seiza – ebenso wie die Technik, durch die der Gegner durch drei Ansatzpunkte neutralisiert wird – ein Dreieck bildet, ist dies das Symbol für Ikkyo.

Auch wenn man heute kaum in dieser Stellung einen Angriff erwarten muß, stellt diese Form der Übung einen sehr wichtigen Teil des Aikido dar: Man erhält dadurch eine stabile Hüfte und die Beine werden gestärkt.

Shomen uchi ikkyo ura

Auf die gleichen Punkte wie bei der Tachi-waza-Technik achten (s. S. 114). Bevor man sich an dieser Bewegung versucht, sollte man Suwari waza tai sabaki üben. Dies wird in der gleichen Weise wie Tachi waza ausgeführt, mit dem Unterschied, daß die Füße immer zusammengeschlossen bleiben, während die Hüfte die Tai-sabaki-Bewegung vollzieht. Anschließend die Oberschenkel öffnen, um den Körper zu stabilisieren.

1

zu Abb. 1 bis 2

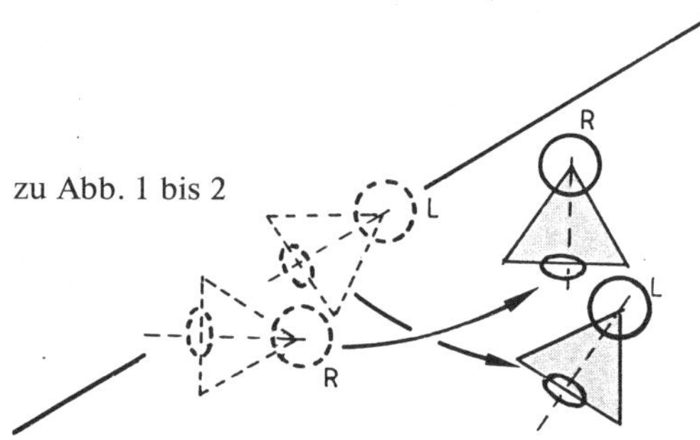

2

3

4

zu Abb. 3–4

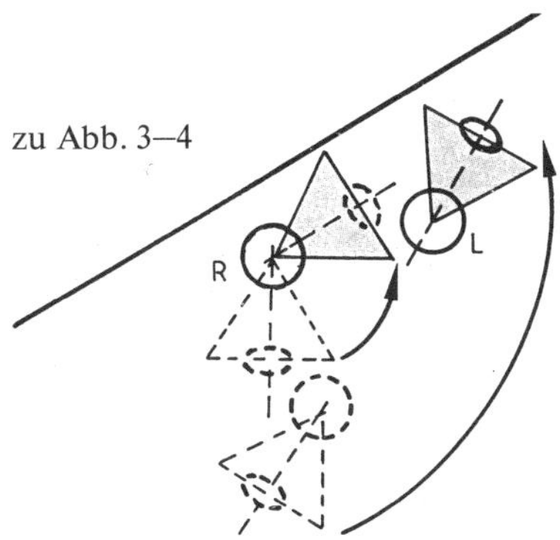

5

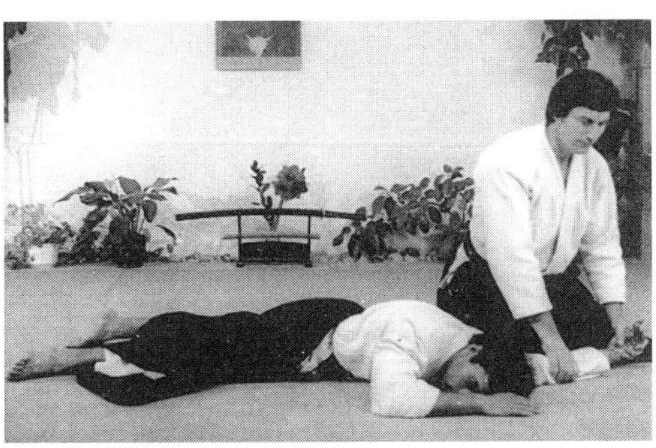
6

Men uchi irimi nage

Gleiche Ausführung wie Tachi waza, mit dem Unterschied, daß Ukes Hand von unten nach oben schlägt.
Die Fußstellungen mit Shomen uchi ikkyo ura vergleichen.

1

2

3

4

5

6

7

Abb. 7: Uke wird durch Kontrollieren von Kinn und Handgelenk am Boden gehalten.

Hanmi hantachi – Shomen uchi kaiten nage

Diese Technik gehört zu der Reihe der ursprünglichen Oshiki-uchi-Geheimtechniken. Sie reagiert auf einen Überraschungsangriff, wobei Tori keine Zeit hat, aufzustehen. Deshalb wird die Technik gleich sitzend ausgeführt.
Wie bei den vorausgegangenen Ura-Bewegungen wird hier auch Suwari waza tai sabaki ausgeführt.

1

2

3

Abb. 3 und 4: Die linke Hand kontrolliert Ukes Arm und bringt ihn während des Schlags nach unten.

4

5

Abb. 5: Die rechte Hand greift zu Ukes Hals.

6

7

Abb. 7: Uke wird in einer Kreisbewegung weitergeführt.

AIKIKEN

(Schwerttechniken des Aikido)

Die Kunst des Schwertes (Ken-Jutsu) hat sich im Lauf der Jahrhunderte durch viele echte Kampferfahrungen herausgebildet. Es entstanden mehrere Stilrichtungen, alle äquivalent in ihrer Perfektion und Wirksamkeit. Sie wurden durch verschiedene «Ryu» (Schulen) gepflegt und überliefert.

In einer dieser Schulen, der **Yagyu-Ryu,** wurde Meister Ueshiba, damals 20 Jahre alt, in der Kunst des Schwertes unterwiesen. Er verließ diese Schule im Juli 1908 nach abgeschlossener Ausbildung. Die Beherrschung der Technik war allerdings nicht das einzige, was man damals in diesen Schulen lernte. Aufmerksamkeit, Feinfühligkeit, Wachsamkeit und Stabilität des Geistes in jeder Situation des Lebens wurden ebenfalls ausgebildet, denn sie waren viel wichtiger als die Technik, um einen plötzlichen Angriff überleben zu können. Da Aikiken heute seine kriegerischen **raison d'ètre** verloren hat, steht bei der Übung des Aikiken nun die Herausbildung der erwähnten Tugenden im Vordergrund. Dies wird leider nur noch in wenigen modernen Schulen bedacht.

Da sich die Aikido-Bewegungen vorwiegend aus denen des Aikiken entwickelt haben, kann man jederzeit von der waffenlosen Form (Tai-Jutsu, Aikido) in die Schwertform übergehen – und umgekehrt. Die Koordination der Schrittkombinationen mit der Bewegung aller Glieder wird durch die Ausführung des Aikiken gefördert. Die Hüfte bekommt mehr Stabilität, und die Gesamthaltung des Körpers wird dadurch verbessert. Ohne die Schwertübungen würde man deshalb einen sehr wichtigen Teil des Aikido auslassen.

Im Aikiken ist wie im Aikido die Grundposition Hanmi, was eine rein defensive Strategie voraussetzt. Im Gegensatz zu Kendo werden die Bewegungen ohne Rüstung ausgeführt; sie müssen deshalb kurz vor dem Ziel gestoppt werden, damit man den Partner nicht verletzt. Das verlangt hohe Aufmerksamkeit; deshalb ist Aikiken eine Übung für Fortgeschrittene.

Im Aikiken ist es ratsam, erst mit den Partnerübungen zu beginnen, nachdem man längere Zeit die grundlegenden «Suburi« (Grundübungen ohne Partner) geübt hat. Das folgende Kapitel befaßt sich mit der Schwerthaltung und den wichtigsten Suburi. Danach folgen einige ausgewählte Partnerübungen. Sie stellen nur einen kleinen Teil unzähliger Grundtechniken und Variationen des Aikiken dar.

«Vollendete Schwertkunst besteht aus zwei Komponenten: technischer Sicherheit und geistiger Erkenntnis. Beide müssen eine Einheit bilden, sie sind unabdingbar voneinander abhängig.»

«Vollendete Schwertkunst durch technische Sicherheit und geistige Vollendung im beschriebenen Sinn ist jedoch kein Wert an sich. Sie muß in Einklang mit den in Universum verankerten ethischen Prinzipien der Menschlichkeit, Sittlichkeit und Loyalität ausgeübt werden.»

Aus Shissai Chozan: *Tengu geijutsu ron*

1

Die korrekte Haltung von Katana und Bokken

Abb. 1 zeigt die Aikiken Grundhaltung (Migi-hanmi-Ausgangsstellung).
Abb. 4 (falsch): Beim Schlagen mit dem Schwert werden die Arme übermäßig gestreckt. Das verursacht eine Überdehnung der Sehnen, die zu einer Sehnenentzündung führen kann. Abb. 5 (richtig): Die Arme befinden sich in einer natürlichen Position, ohne Verspannung.

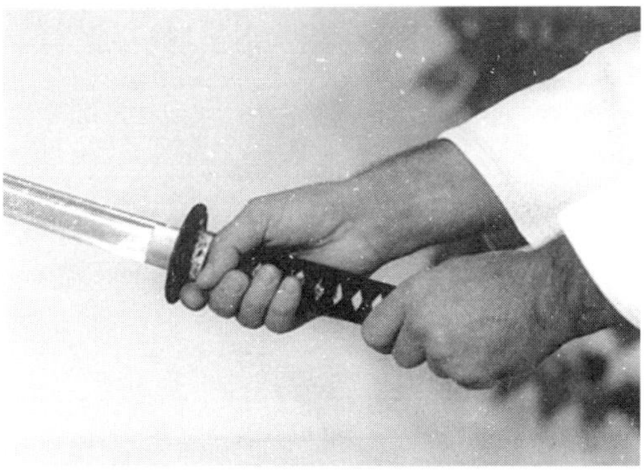
2

2a

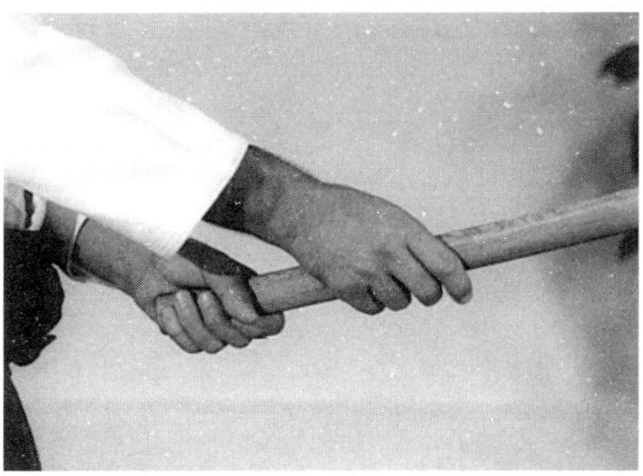
3

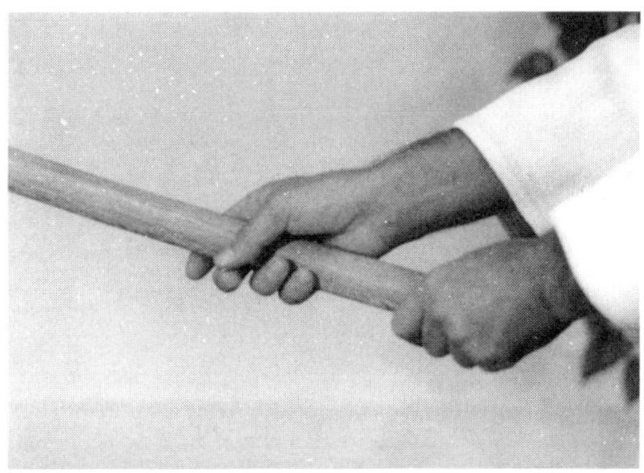
3a

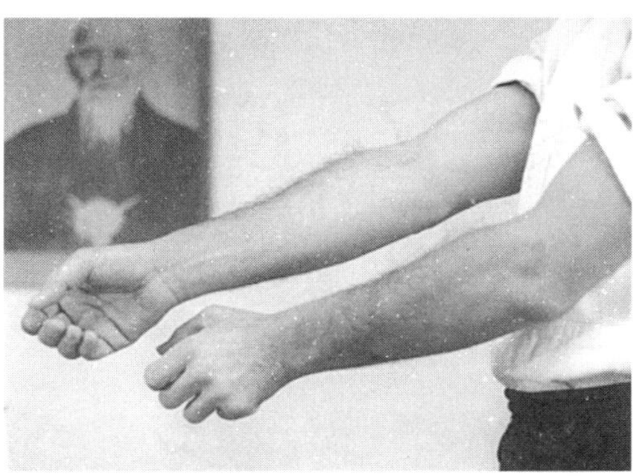
4

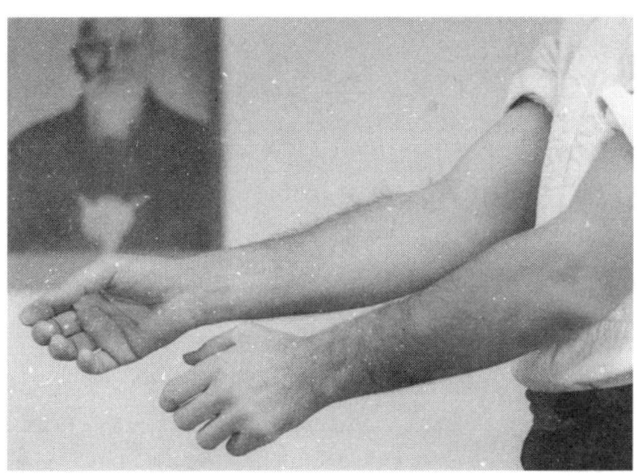
5

Aikiken suburi

Hier sind zwei für Aikiken typische Suburi abgebildet. Allgemeine Hinweise: Den Oberkörper gerade halten. Während der ganzen Bewegung den Fluß des Ki nach vorn richten, selbt wenn ein Schritt nach hinten getan wird.

1

2

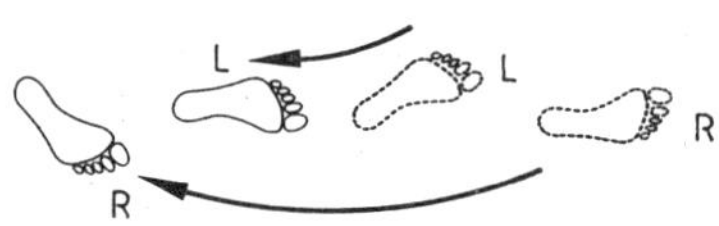

1

2

3

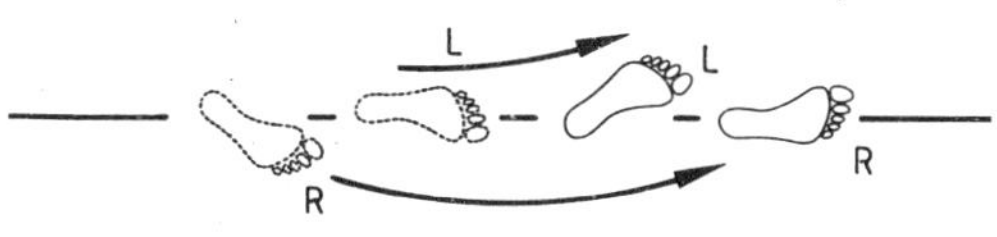

3

4

Shomen uchi hidari yokomen uchi

Die Abbildungen 1 bis 3 zeigen Shomen uchi. Die Abbildungen 3 bis 7 zeigen Hidari yokomen uchi. In beiden Suburi darauf achten, daß das Schwert über den Kopf gebracht wird. In Abb. 4 zeigt die Spitze des Schwertes nach vorn.

1

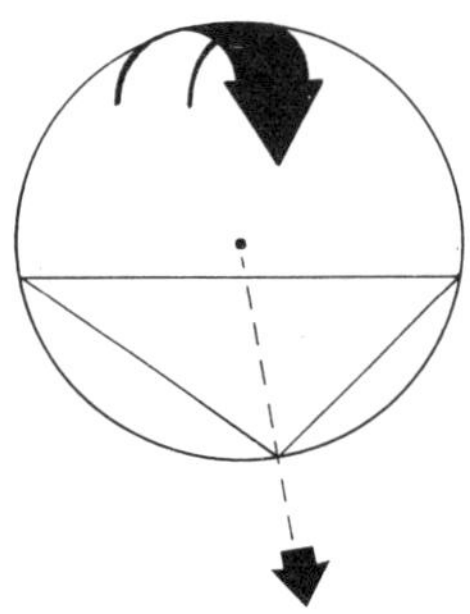

2

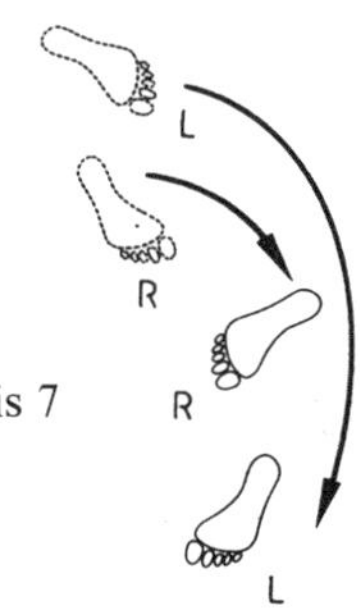

zu Abb. 4 bis 7

3

4

5

6

7

Abb. 6 und 7: Während die Position der Füße geändert wird, erfolgt ein Schlag schräg von oben nach unten zum Kopf des Gegners.

Migi yokomen uchi – Tsuki – Hidari yokomen uchi – Tsuki

1

Abb. 1: Das Schwert über den Kopf bringen.

Abb. 2 bis 4: Migi yokomen uchi; dabei aus der Angriffslinie gehen.
Abb. 5: Tsuki (Stoßen)

2

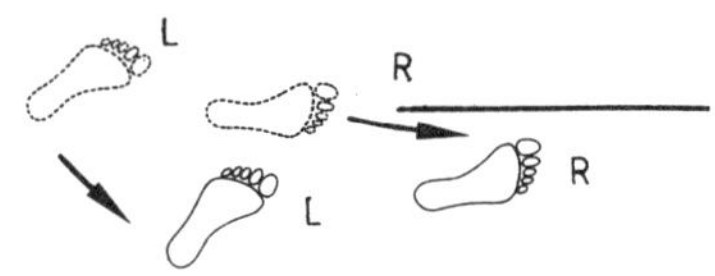

zu Abb. 4

3

4

5

Abb. 9 und 10: Stoßen; Bewegungsablauf wiederholen.

Abb. 7 bis 8: Mit dem linken Fuß nach vorn Hidari yokomen ausführen, gleichzeitig aus der Angriffslinie gehen.

Abb. 6: Mit dem rechten Fuß einen Schritt zur linken Seite machen, gleichzeitig mit der Schwertspitze den Gegner kontrollieren.

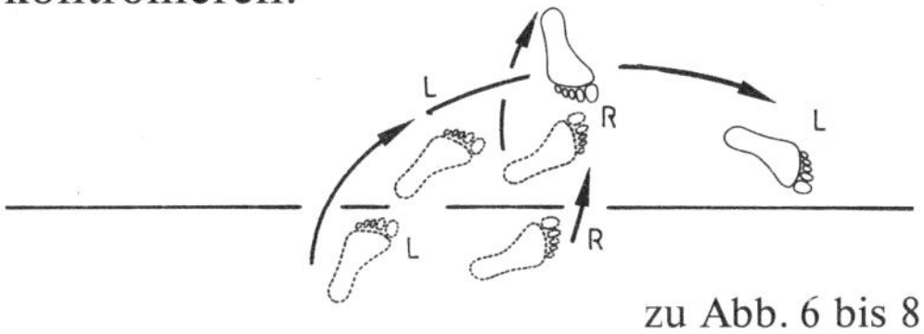

zu Abb. 6 bis 8

10

9

6

7

8

Aikiken-Grundübungen mit Partner

Hidari kote uchi

1

Abb. 1: Uke und Tori stehen beide in Migi-hanmi-Ausgangsstellung. Beide Schwertspitzen sind parallel und berühren sich nicht.

2

Abb. 2: Synchron wird mit beiden Schwertern ausgeholt.

3

Abb. 3 und 4: Während Uke mit Shomen uchi schlägt, gleitet Tori zur Seite und schlägt auf Ukes linken Arm. Das Schwert wird kurz vor dem Ziel gestoppt.

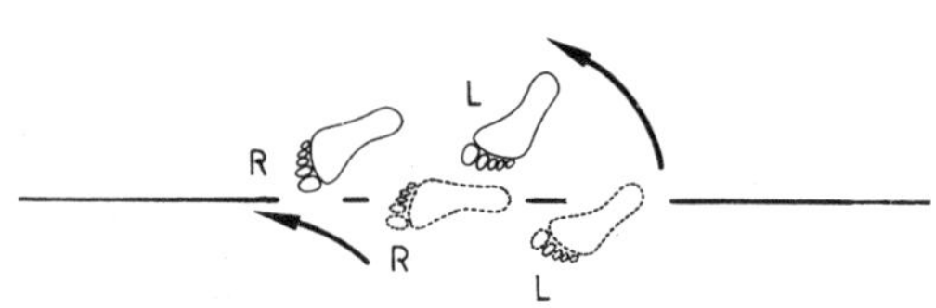

Otonashi no ken
(«Das Schwert wegnehmen»)

Ausgangsstellung ist Migi hanmi. Während Uke mit Shomen uchi angreift, gleitet Tori seitlich nach vorn und führt Tsuki aus. Uke geht mit dem Kopf rechtzeitig zurück, um Toris Stoß zu vermeiden.

1

2

3

Aikiken-Übung (Irimi-nage-Form)

Diese Schwerttechnik entspricht der Taijutsu-Bewegung Irimi nage.

Abb. 1: Uke befindet sich in Migi-hanmi-Position, Tori in Waka-gamae-Position.

Abb. 2 und 3: Während Uke mit Shomen uchi schlägt, geht Tori einen Schritt nach vorn schräg links, während das Schwert den Gegner mit der Spitze bedroht.

Abb. 4: Beide Hände über den Kopf bringen.

Abb. 5: Während der linke Fuß einen großen Vorwärts-Halbkreisschritt macht, nimmt Tori eine Position im Winkel von 90° zur Angriffslinie ein.

1

2

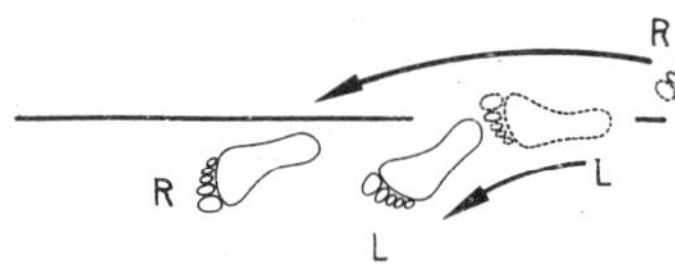

zu Abb. 3

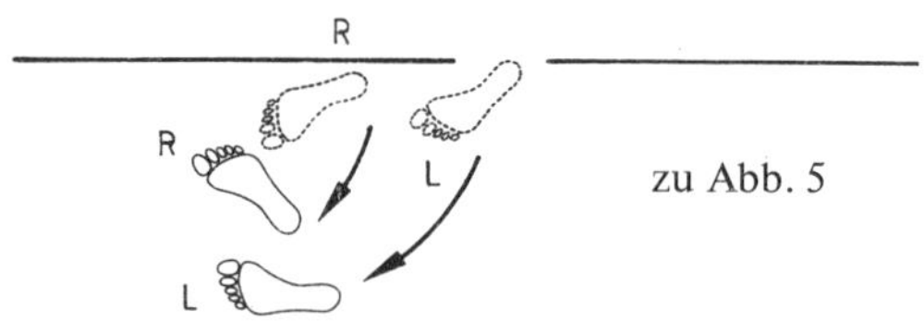

zu Abb. 5

3

4

5

Abb 6 und 7: Man schneidet dann von oben nach unten schräg rechts, während der rechte Fuß nach hinten geht. Gleichzeitig wird das Schwert nach hinten geführt. Der Körper ist entspannt, und die ganze Bewegung wird in einem Atemzug ausgeführt.

Zwischen der Abb. 1 und 4 dreht sich die Hüfte um ca. 180°, zwischen Abb. 4 und 7 um weitere 270°.

zu Abb. 6 bis 7

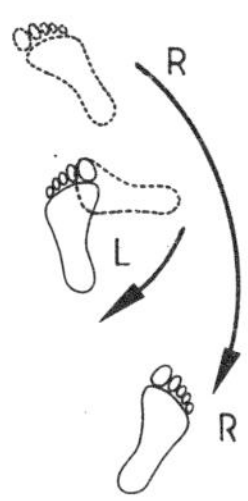

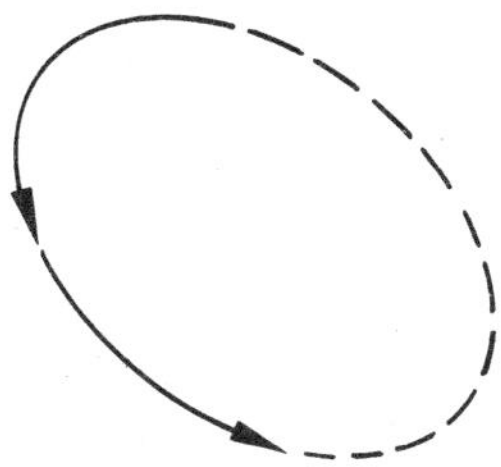

6

7

1

Derselbe Bewegungsablauf wie auf S. 252–253 von der anderen Seite gesehen.

2

3

4

5

Dieselbe Bewegung in der Taijutsu-Form

6

Aikiken-Wurftechniken

Wurf bei Shomen-uchi-Angriff

Abb. 2: Uke greift mit Shomen uchi an.
Abb. 2 und 3: Tori macht einen großen Schritt nach vorn (Irimi). Seine Hand kontrolliert den Schwertgriff zwischen Ukes Händen.
Abb. 4: Tenkan ausführen. Dabei darauf achten, daß der linke Arm sich *unterhalb* von Toris rechtem Arm befindet.
Die Bewegung endet mit einem Wurf schräg nach vorne links.

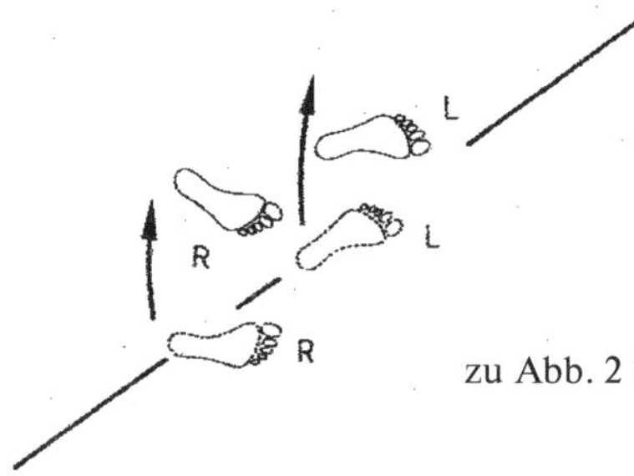

zu Abb. 2 bis 3

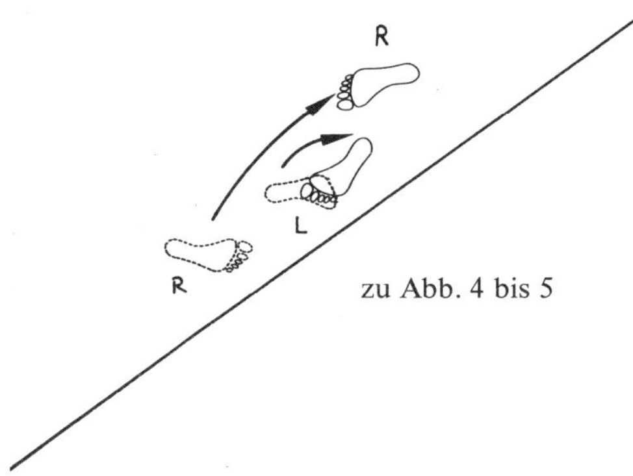

zu Abb. 4 bis 5

1

2

3

4

5

6 

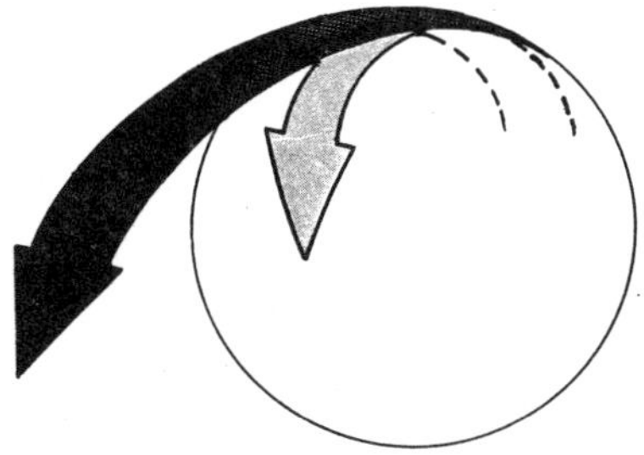

Kote gaeshi gegen Schwertangriff shomen uchi

Gleiche Bewegung wie bei Shomen uchi kote gaeshi (Taijutsu-Bewegung). Sie erfolgt, dem Angriff entsprechend, einseitig auf Ukes rechte Hand hin. Nur Timing und Distenz sind entsprechend anders, d. h. schnellere, explosive Reaktion und größerer Schritt nach vorn (Irimi) als in der Taijutsu-Bewegung. Details beachten!

1

2

3

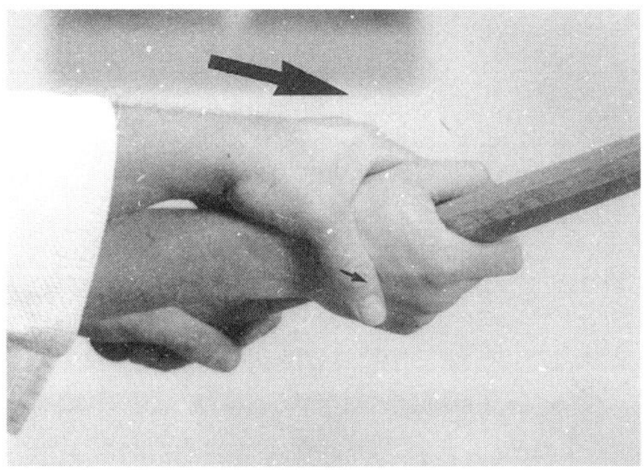

5a

4

5

9

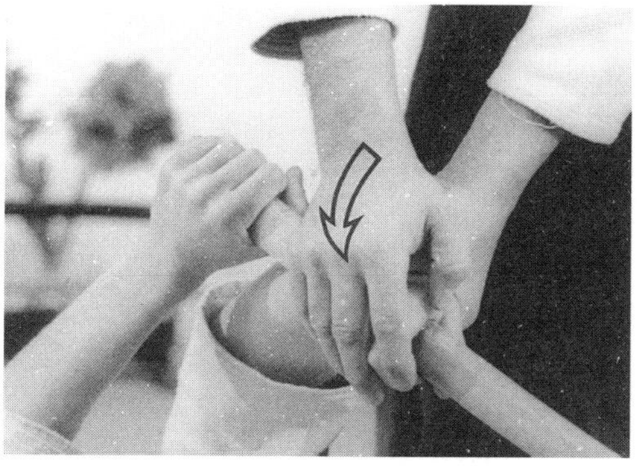

8a

8

6

7

AIKIJO

(Stocktechniken)

Meister Ueshiba bei einer Jo-Vorführung

Die Handhabung des Stocks (Jo) unterscheidet sich von der des Schwertes (Ken) dadurch, daß der Jo länger ist (dadurch größere Reichweite) und mit gleitenden Bewegungen überall angefaßt werden kann, was zahlreiche Variationen einer Technik ermöglicht.

Bei Laien wird dadurch der Eindruck erweckt, die Stockübungen seien vielfältiger und komplizierter als die Schwertübungen. Dies ist jedoch nicht der Fall, da die Schwierigkeiten beim Ken ganz anderer Natur sind. Allein das Ziehen eines Schwertes ist eine Kunst für sich.

Die Beherrschung von Ken und Jo verlangt viel Erfahrung durch Übung, und beide Waffen bieten die Möglichkeit, die Qualität der Taijutsu-Bewegungen (Freie-Hand-Technik) zu verbessern.

Es folgen einfache Grundtechniken und einige Partnerübungen.

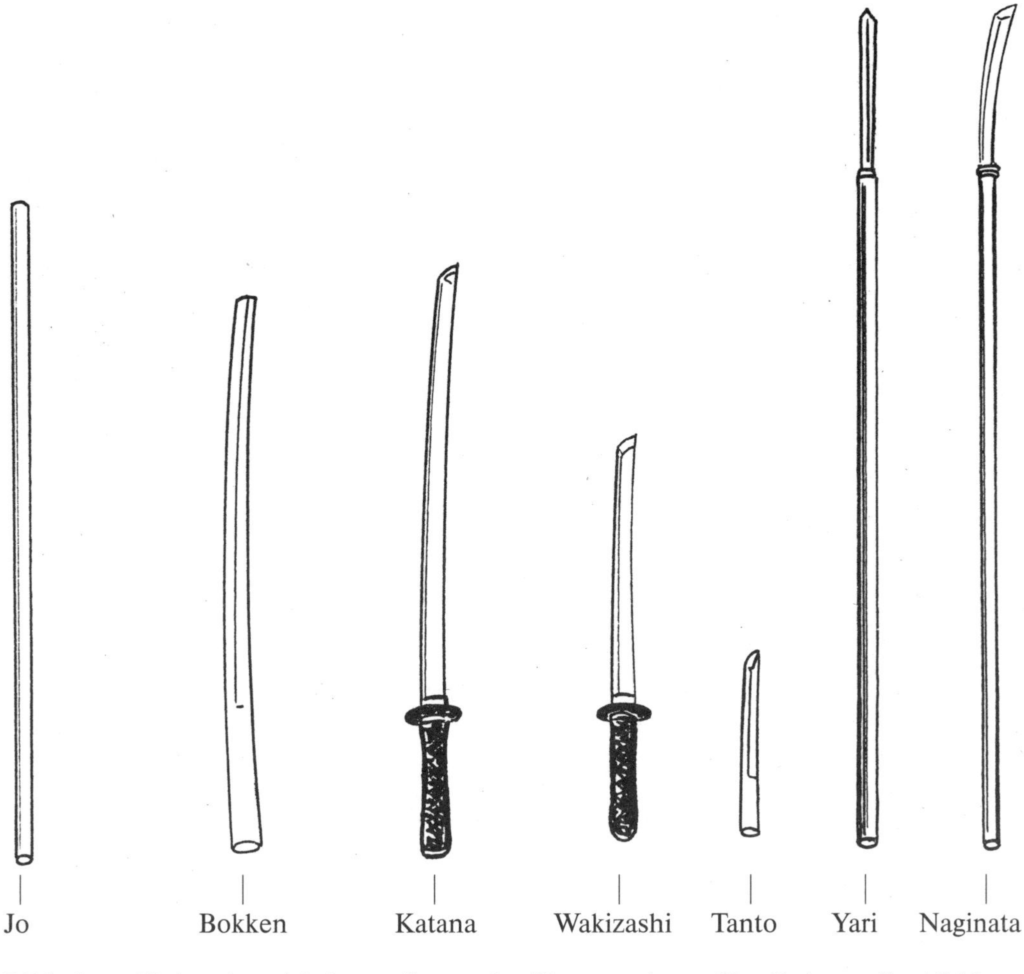

Bild oben: Einige der wichtigsten Samuraiwaffen, aus deren Handhabung die Aikido-Techniken entstanden. Meister Ueshiba beherrschte sie alle.

Korrekte Haltung des Jo

Die Abbildungen 1, 1a und 2, 2a zeigen die korrekte Haltung bei der Schlag- und Stoß-Ausgangsstellung.

1

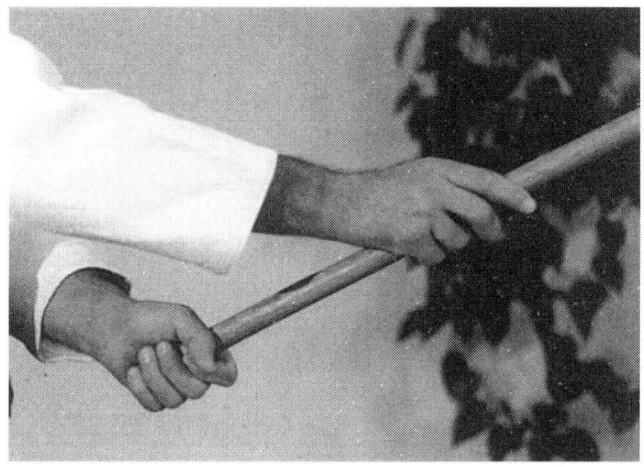

1a

2

2a

3

Abb. 3: Chudan tsuki

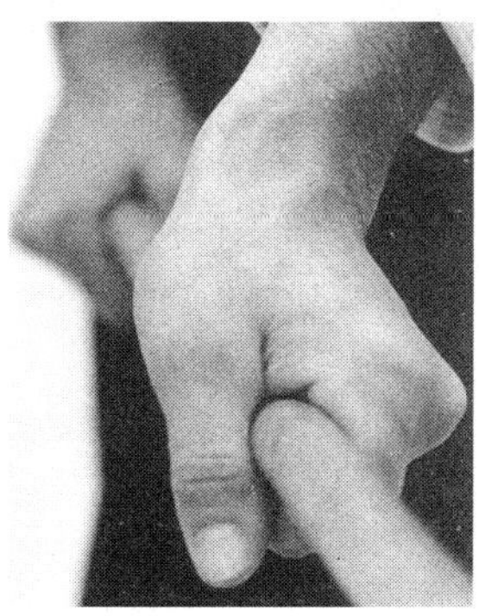

3a

4

Abb. 4: Hanmi-no Jo

Ueshiba in einer seiner letzten Vorführungen.

Zwei Tsuki-Grundtechniken

Abb. 1 bis 4: Man greift den Stock mit dem Handrücken der rechten Hand nach innen und läßt ihn durch die linke Hand gleiten. Bei der Ausführung dieser Bewegung darauf achten, daß die rechte Schulter nicht gehoben wird.

1

1a

2

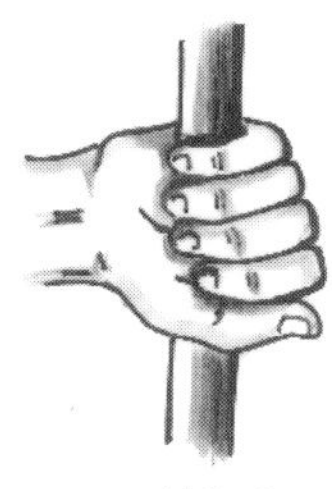
zu Abb. 2

zu Abb. 1a

3

4

1 bis 1c: Man greift den Stock mit dem Handrücken der rechten Hand nach außen und läßt ihn durch die rechte Hand gleiten.

1b

1c

Vorführung einer Aikido-Übung mit dem Stock

1

2

3

4

Jodan tsuki

Die rechte Hand faßt den Stock von oben. Der Handrücken zeigt nach außen.

Tanren uchi

Chinkon kishin,
eine Meditationsübung mit dem Jo.

Tsuki – Migi yokomen uchi

Abb. 4: Die Stockspitze ist auf den Gegner gerichtet. Beide Hände über den Kopf bringen. Beim Schlagen bewegen sich Hand und Fuß zusammen.

1

2

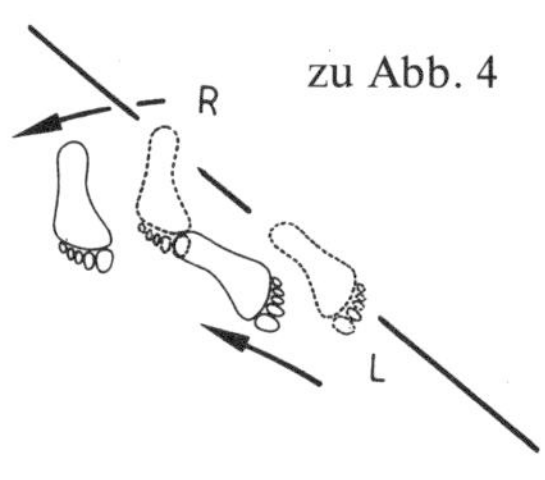

zu Abb. 4

3

4

5

zu Abb. 6 bis 8

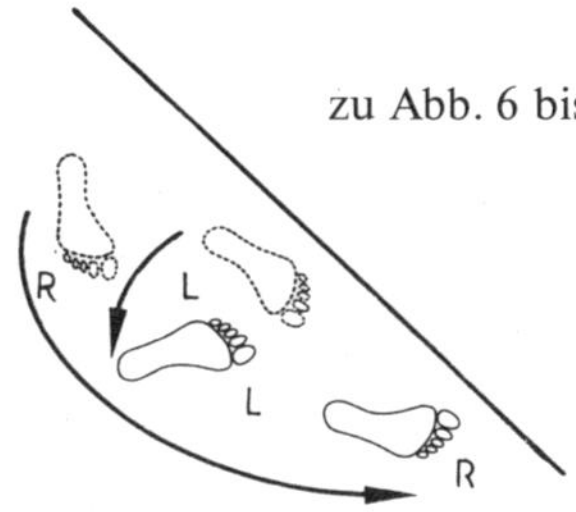

6

7

8

Hasso

Bei dieser Bewegung wird ein Doppelschlag nach vorn ausgeführt, zunächst von oben nach unten, dann von unten nach oben. Während der ganzen Bewegung ausatmen und entspannen.

1

Abb. 1: Hidari-hanmi-Ausgangsstellung, den Stock mit der rechten Hand auf Höhe des rechten Fußes halten.

2

Abb. 2 bis 3: Man bringt das untere Ende des Stocks mit einem Rückwärtsschwung nach oben und macht gleichzeitig einen Schritt nach vorn.

Abb. 4: Aus dieser Position läßt man den Stock nach vorn fallen. Die Spitze zeigt jetzt nach unten.

3

4

Abb. 5: Den Stock weiter um 180° kreisen lassen, bis die Spitze wieder nach oben zeigt, gleichzeitig die linke Hand hinter den Stock bringen, während die rechte den Stock weiter nach vorn kreisen läßt.
Abb. 6: Den Stock nach hinten schwingen, gleichzeitig einen Schritt mit dem rechten Fuß nach hinten machen.
Abb. 7: Die Bewegung endet in Hasso-no gamae. Der linke Ellenbogen liegt nah am Körper, der rechte Arm hält den Stock senkrecht. Der Handrücken der rechten Hand zeigt nach innen, der der linken Hand nach außen.

Details S. 274.

7

5

6

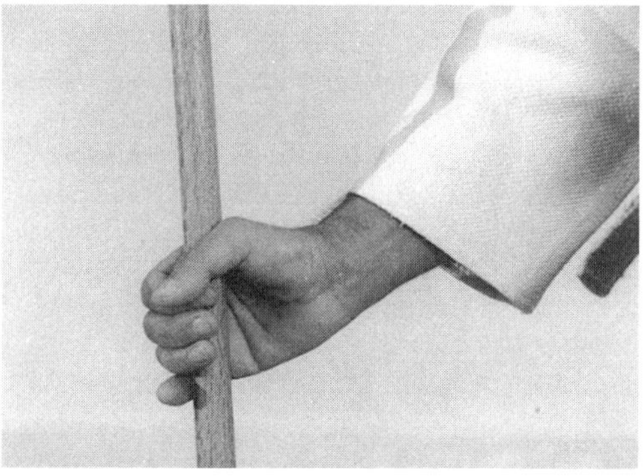

1a

Zwischen Abbildung 3 und 4

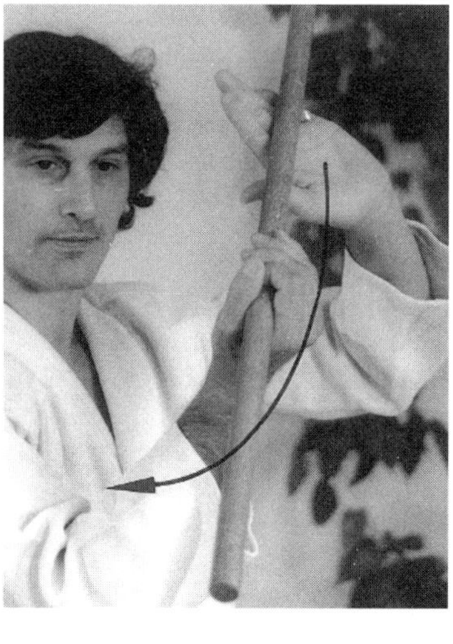

5a

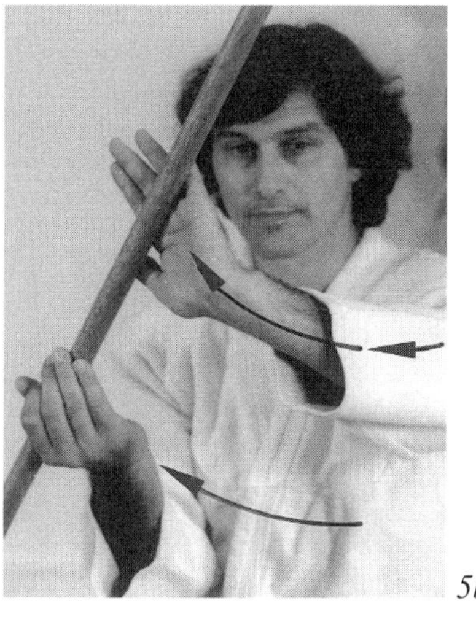

5b

Jo-Partnerübungen

Choku tsuki gegen Chudan tsuki

1

Tori und Uke befinden sich beide in Hidari-hanmi-Position.

2

Abb. 2: Uke greift mit Chudan tsuki an.

3

Abb. 3: Tori gleitet leicht zur rechten Seite und kontert mit Tsuki gegen Ukes linke Körperseite.

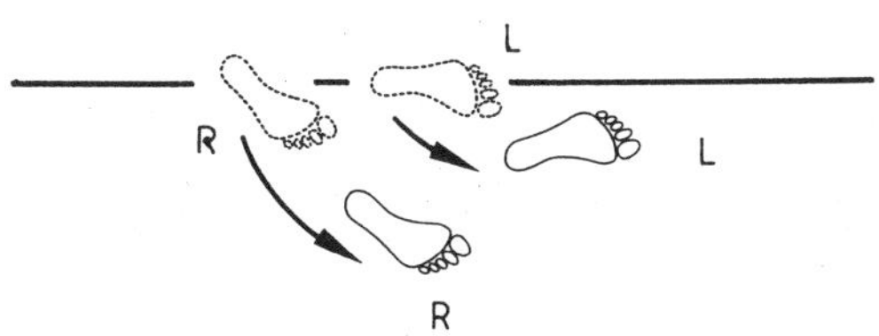

Variante bei Chudan-tsuki-Angriff

Diese Variante wird in derselben Ausgangsstellung wie vorhin ausgeführt.

1

2

3

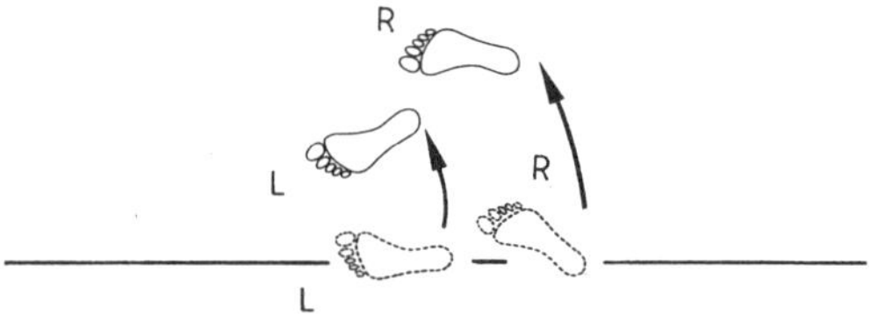

zu Abb. 3

4

5

Abb. 2 und 3: Während Uke mit Chudan tsuki angreift, geht Tori mit dem rechten Fuß zur Seite, und kontert den Angriff mit einer seitlichenParade. Die rechte Hand wird dabei über den Kopf gebracht.
Abb. 4 und 5: In einer Kreisbewegung wird jetzt die Stockspitze nach oben gebracht, und seitlich gegen Ukes Stock geschlagen. Der Schlag wird mit einer Bewegung der rechten Hand nach unten ausgeführt, während die linke Hand nur den Stock führt.

Abb. 6 und 7: Man kontert mit Choku tsuki zur Ukes linken Körperseite.

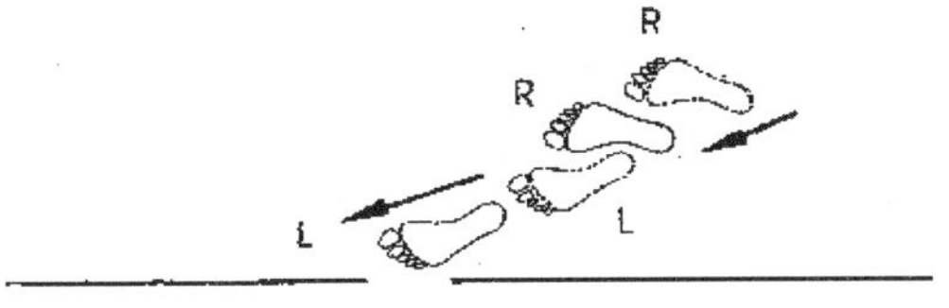

6

7

1

1a

2

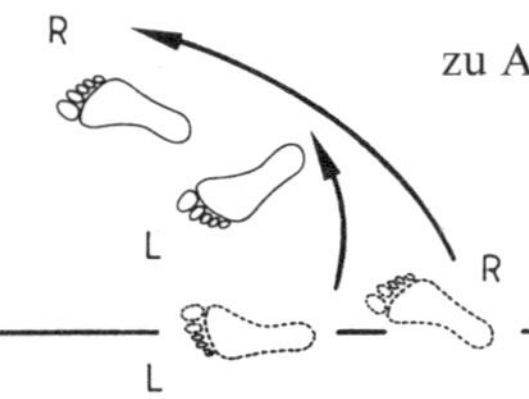

zu Abb. 3

3

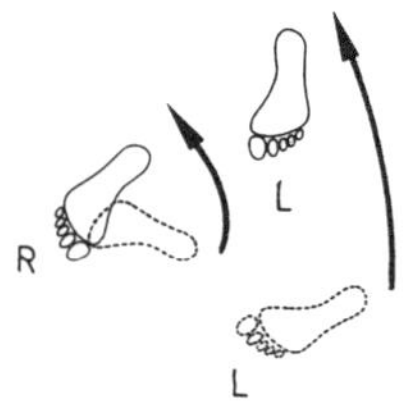

zu Abb. 4 bis 5

4

5

1b

1c

Choku tsuki
Yokomen gedan uchi

Die Bilderfolge von links nach rechts zeigt Choku tsuki gegen Chudan tsuki Angriff.
Die Bilderfolge von oben nach unten zeigt Yokomen gedan uchi. (Diese Bewegung sollte man zuerst ohne Partner üben!)

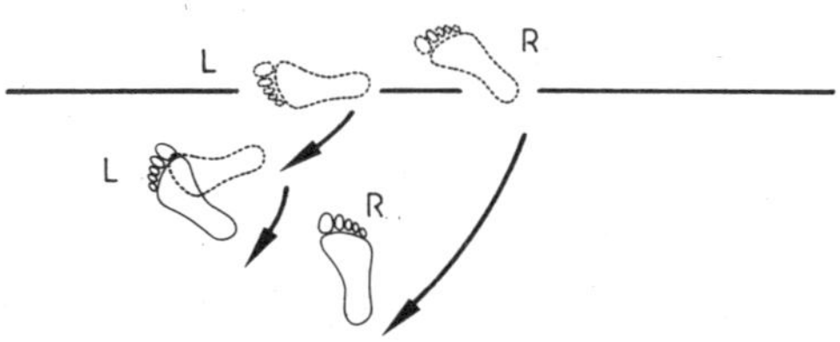

Abb. 1 a bis 1c:  Während Uke mit Choku tsuki angreift, geht Tori mit dem linken Fuß zur Seite in Hidari-hanmi-Position. Gleichzeitig führt er Chudan tsuki aus.

Abb. 3:  Während Uke mit Choku tsuki angreift, geht Tori mit dem rechten Fuß zur Seite; gleichzeitig wird der Stock zuerst von der rechten Hand (durch die linke gleitend) nach hinten gezogen, dann von der linken Hand (durch die rechte gleitend) weiter nach hinten geführt.

Abb. 4:  Einen Kreisschlag um circa 180° ausführen. Hüfte, Hand und Fuß gleichzeitig bewegen.

Abb. 4 und 5: 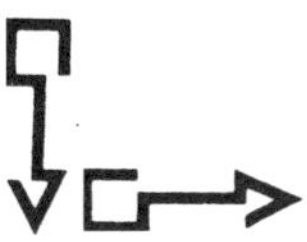 Den hinteren Fuß in eine stabile Migi-hanmi-Position nachziehen.

Migi yokomen uchi gegen Tsuki

1

2

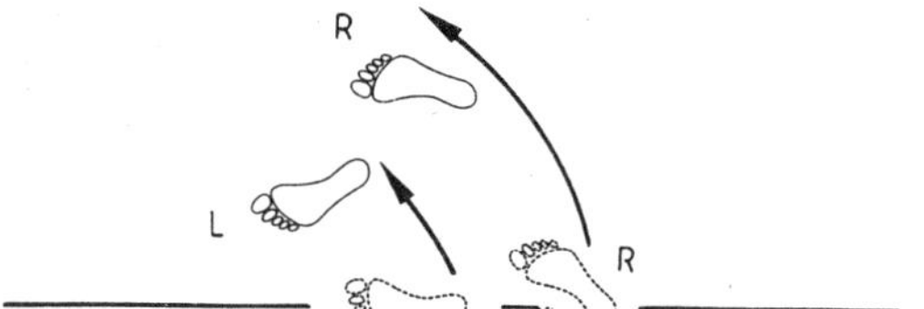

zu Abb. 2 bis 3

3

4

Abb. 2: Während Uke mit Choku tsuki angreift, pariert Tori zur rechten Seite.

Abb. 3: Die rechte Hand gleitet zur linken, während diese den Stock zum Kopf führt.

Abb. 4: Den Stock um 180° nach hinten drehen, während die linke Hand nach vorn wechselt (zum hinteren Stockende).

Abb. 5 und 6: Yokomen uchi ausführen; gleichzeitig den hinteren Fuß nach vorn in Migihanmi-Stellung bringen.

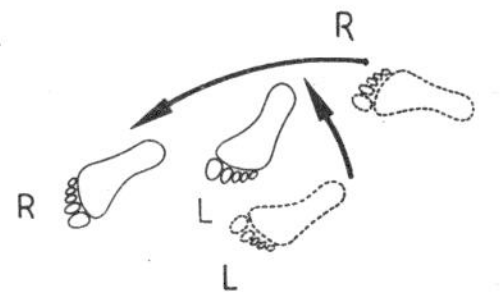

5

6

Jo tori
(Wurftechniken mit dem Stock)

Variante 1

1

2

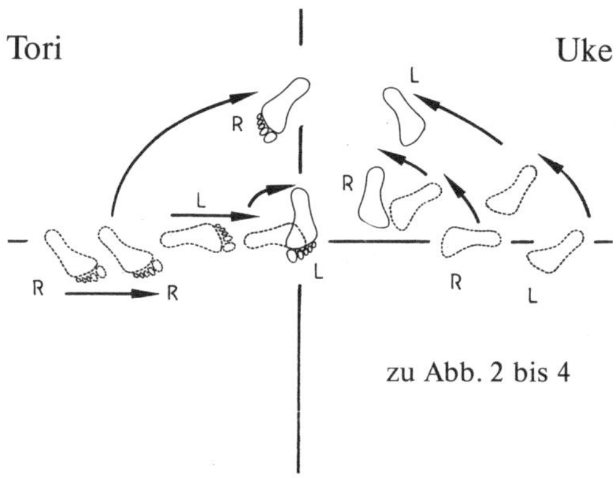

zu Abb. 2 bis 4

3

4

Abb. 1 bis 3: Während Tori Chudan tsuki ausführt, versucht Uke durch eine Irimi-Bewegung den Stock zu übernehmen.

Abb. 4: Tori wechselt seine Position durch einen Schritt um 90° zur linken Seite; gleichzeitig wird der Stock mit der linken Hand nach oben gebracht.

Abb. 5: Während der Stock tief nach unten geführt wird, macht Tori einen schrägen Schritt nach vorn links.

Die Bewegung endet mit einem Wurf vorwärts. Diese Bewegung kann in der Tai-Jutsu-Form bei den Angriffsformen Gyaku hanmi katate tori und Ryote mochi genauso als Kokyu nage ausgeführt werden.

5

6

1

Variante 2

Abb. 1: Uke greift mit Choku tsuki an.

2

Abbildung 2: Nachdem man einen Schritt nach vorn (Irimi) gemacht hat, greift man den Stock mit der rechten Hand von unten neben Ukes rechter Hand.

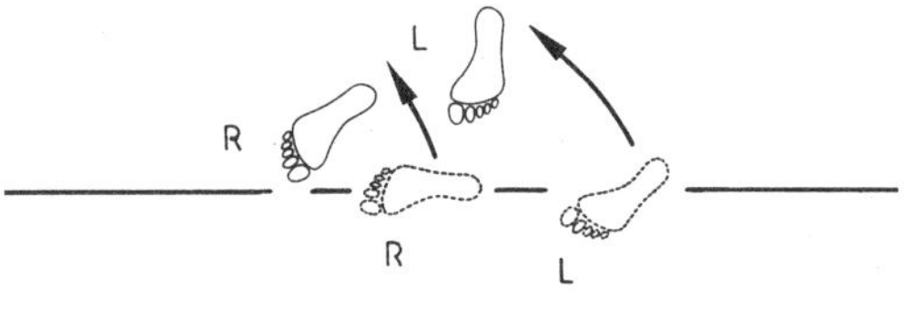

3

Abb. 3: Den Stock nach oben führen, gleichzeitig mit dem linken Fuß einen-Schritt nach hinten (Tenkan) machen.

Abb. 4: Mit einer leichten Vorwärtsbewegung schräg rechts mit dem rechten Fuß wird Uke zu Fall gebracht.

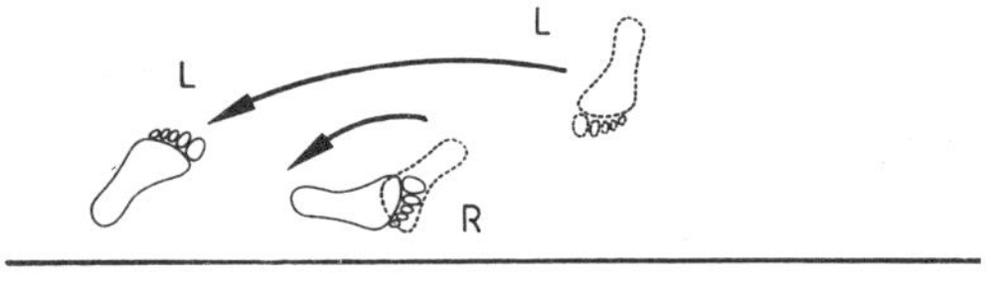

zu Abb. 3 bis 4

4

5

Danksagung

All denen, die zur Entstehung dieses Buches beigetragen haben, möchte ich an dieser Stelle herzlich danken, insbesondere Wolfgang Voll für seine geduldige Arbeit bei der Aufnahme und Herstellung fast aller Fotos, sowie Alfried Hagedorn und dem Lektor des O. W. Barth Verlages für die wertvollen Hinweise und Bereicherungen der Texte. Weiterhin Niki Petzold, Elfriede Gsottbauer, Markus Roos, Ulrich Preiter, Gerald Lucas, Christine Schneider, Christine Wust und anderen für ihre Mitwirkung bei den Aufnahmen. Herzlichen Dank auch an Albrecht Müller und Thomas Gutsch, die bei der Korrektur der Texte geholfen haben.

Adriano Trevisan

Dieses Buch ist meiner Tochter Arianna gewidmet.

Glossar

Ai — Harmonie; in seinen letzten Lebensjahren benutzte Ueshiba den Begriff «Ai» sowohl für «Liebe» als auch für «Harmonie».

Ai hanmi — Ausgangsposition, wobei Uke und Tori sich diagonal gegenüber stehen und den gleichen Fuß vorgestellt haben (beide links oder beide rechts).

Aiki — Harmonisierungstechniken, die das Ziel haben, Körper und Geist in Einklang zu bringen; auch die daraus entstehende Haltung, die die Einheit von Körper, Geist und Seele widerspiegelt.

Aiki Budo — Ueshibas Bezeichnung für seine Kampfkunst in der Vorkriegszeit.

Aikido — Der Weg (Do) zur Harmonisierung (Ai) der eigenen Lebensenergie mit der kosmischen Energie (Ki). Der Begriff wurde von Meister Ueshiba erst ab 1942 für seine Kampfkunst verwendet.

Aiki inyo — Methode, bestehend aus Harmonisierung und Atemkontrolltechnik.

Aikijo — Die mit dem Stock (Jo) ausgeführten Aikido-Techniken.

Aiki Kai — Das nach dem Krieg eröffnete Honbu Dojo in Wakamatsu-cho, Tokyo.

Aikiken — Die mit dem Schwert (Ken) ausgeführten Aikido-Techniken.

Ashi — Fuß.

Atemi — Stoß.

Atemi waza — Stoßtechnik.

Ayumi ashi — Schrittfolge, wobei man erst den hinteren Fuß, dann den vorderen nach vorne bringt.

Bokken — (auch: Bokuto) Holzschwert.

Budo — Weg des Kriegers.

Bujutsu — Kriegskunst.

Bushido — Ehrenkodex der Samuraikrieger.

Ch'i chinesischer Begriff, mit dem Japanischen «Ki» identisch (siehe dort).

Choku (Tsuki) Stoß mit dem Stock auf die Höhe des Solarplexus.

Chudan Mittlere Höhe (bei einem Angriff), mittlere Position der Hand.

Daito-Ryu Aiki Jutsu Die Kampfkunst von Sokaku Takeda, die Einfluß auf die Entwicklung einiger Aikido-Techniken hatte.

Dojo Übungshalle, Übungsraum.

Gedan Untere Ebene (bei einem Angriff), d. h. tiefe Position der Hand.

Gokyo Aikido-Haltegriff.

Gyaku hanmi Ausgangsposition, wobei Uke und Tori jeweils den entgegengesetzten Fuß vorgestellt haben (links-rechts oder rechts-links).

Hanmi Aikido-Grundposition: Füße im Dreieck.

Hanmi hantachi Übungsform, bei der Tori die Bewegung sitzend ausführt, während Uke stehend angreift.

Hara Schwerpunkt, Zentrum, etwa zwei Fingerbreit unter dem Bauchnabel in der Leibesmitte.

Hasso Ausgangsposition beim Aikijo bzw. Aikiken (Hasso-no kamae).

Hidari Links, bezieht sich im Aikido auf die Ausgangsstellung.

Honbu Dojo Zentrales Dojo – Gemeint ist das von Ueshiba gegründete Aikido-Hauptquartier in Tokyo.

Hozoin-Ryu Schule der Kampfkünste, besonders bekannt für die Speerkampftechnik.

Ikkyo Aikido-Haltetechnik.

Irimi Eingang.

Irimi nage Aikido-Wurftechnik.

Issoku irimi Eingang mit einem gleitenden Schritt nach vorn.

Jodan Obere Ebene (bei einem Angriff), d. h. hohe Position der Hand.

Ju jutsu Aus China überlieferte Kampfkunst; sie ist die technische Grundlage vieler moderner Kampfkünste, wie Aikijutsu, Judo und Aikido.

Kaeshi waza Gegentechniken.

Kamae (Gamae) Ausgangsposition, Ausgangsstellung. Man unterscheidet zwischen Migi gamae (rechter Fuß vorn) und Hidari gamae (linker Fuß vorn).

Kata	Festgelegter, manchmal stilisierter Bewegungsablauf, dem T'ai chi entsprechend.
Katana	Japanisches Schwert mit leichter Klingenkrümmung.
Katate tori	Angriffsform: Greifen des Handgelenkes.
Kata tori	Angriffsform: Greifen der Kleidung an der Schulter.
Katori-Shinto-Ryu	Eine bekannte japanische Schule der Kampfkünste.
Ken jutsu	Die Kunst des Schwertkampfes.
Ki	Die Urenergie, die geistige Kraft, die Lebenskraft aller Wesen.
Ki ai	Ein Laut, der in Koordination mit der Atmung während einer Bewegung aus dem Hara ausgestoßen wird.
Ki musubi	Das eigene Ki mit dem Ki des Partners vereinigen.
Kito-Ryu	Ju-jutsu-Schule.
Kobukan	Bezeichnung für das erste von Ueshiba in Tokyo eröffnete Dojo.
Kokyu	Die Atemkraft, die jede Aikido-Bewegung begleitet.
Kokyu ho	Sitzende oder stehende Übung zur Ausbildung des Kokyu.
Kokyu nage	Atemkraft-Wurftechnik.
Koshi nage	Hüftwurftechnik.
Kote	Handgelenk.
Kote gaeshi	Halte- und Wurftechnik (Torsion des Handgelenkes).
Kuki-Shin(to)-Ryu	Geheime Kampfkunst der Yamabushi, der japanischen Bergkrieger.
Ma ai	Abstand vom Partner.
Mae	Vorwärts.
Mae geri	Geradliniger Tritt nach vorn.
Maru	Kreis.
Men uchi	Angriffstechnik: Frontaler Schlag von oben nach unten auf die Stirn.
Migi	Links.
Misogi	(Shinto-)Reinigungsritual.
Moto perpetuo	Ewiger Bewegungszustand, ewig wiederkehrende Bewegung.

Mune tori Angriffstechnik: Greifen der Kleidung am Aufschlag der Jacke.

Musubi Vereinigen, zusammenbringen.

Nage Wurf.

Naginata Lanze mit krummer Klinge.

Nikyo Aikido-Haltetechnik.

Omote Frontal, vorn.

Osae waza Haltetechnik.

Ryo hiji tori Angriffstechnik, siehe Seite 106.

Ryo kata tori Angriffstechnik, siehe Seite 106.

Ryote tori Angriffstechnik, siehe Seite 105.

Ryote mochi Angriffstechnik, siehe Seite 105.

Sankaku Dreieck.

Sankyo Aikido-Haltetechnik.

Seika tanden Anderer Ausdruck für «Hara» (siehe dort).

Seiza Traditionelle japanische Sitzform; Fersensitz.

Shiatsu Akupressur, japanische Fingerdrucktherapie.

Shiho giri Übungsablauf, der in die vier Himmelsrichtungen ausgeführt wird.

Shiho nage Aikido-Wurftechnik (auch Haltetechnik).

Shikaku Viereck.

Shikko Laufen auf Knien.

Shinkage-Ryu Japanische Fechtschule.

Shizen tai Natürlicher Stand.

Suburi Schwertübung, die aus mehrmaliger Wiederholung einer bestimmten Bewegung besteht.

Suwari waza Aikido-Techniken, die kniend ausgeführt werden.

Tachi waza Alle Techniken, die im Stehen ausgeführt werden.

Tai jutsu Ohne Waffen ausgeführte Kampftechniken.

Tai sabaki Schrittfolge, Verlagerungsbewegung (siehe Seite 85).

Taiso Physische Vorbereitungsübungen.

Taninzu dori Technik gegen mehrere Gegner.

Tanto (auch: Tanken) Japanisches Messer.

Tatami Unterpolsterte japanische Strohmatte.

Tegatana Die «Schwerthand»; die Handkante wird beim Angriff wie eine Schwertklinge geführt.

Tenchi nage Himmel-Erde-Wurf.

Tenkan Drehung um 180°.

Tori Die Bewegungsausführende (auch: Nage).

Toru Anfassen, anpacken.

Tsuba	Handschutz, bestehend aus einem (Stahl)plättchen zwischen Schwertgriff und Klinge.
Tsugi ashi	Mit dem vorderen Fuß nach vorn gleiten und den hinteren nachziehen.
Tsuki	Schlag mit geschlossener Faust.
Uke	Der Angreifer (in Gegensatz zu Tori, dem Bewegungsausführenden).
Ukemi	Die Rolle des Angreifers (auf die Fallschule bezogen), das Fallen.
Undo	Körperertüchtigung.
Ura	Rückseite.
Ushiro	Hinten.
Ushiro hiji tori	Angriffstechnik, siehe Seite 107.
Ushiro katate eri tori	Angriffstechnik, siehe Seite 107.
Ushiro kata tori	Angriffstechnik, siehe Seite 107.
Ushiro kubi shime kata tori	Angriffstechnik, siehe Seite 107.
Ushiro tekubi tori	Angriffstechnik, siehe Seite 107.
Waka gamae (kamae)	Garde mit Stock oder Schwert, wobei die Waffe nach hinten versteckt wird.
Wakizashi	Kurzschwert.
Yagyu-Ryu	Japanische Schwertschule.
Yamabushi	Japanischer Bergkrieger.
Yari	Lanze, Speer.
Yariyubu	Speerkampfdisziplin.
Yoko	Seitlich, Seite.
Yokomen uchi	Seitlicher Handkantschlag zum Kopf des Partners.
Yonkyo	Aikido-Haltetechnik.
Zafu	Japanisches Meditationskissen.
Zanshin	Die geistige Aufmerksamkeit und Kontrolle des Gegners auch nach der Ausführung einer Bewegung.